创业如同跑马拉松，
刚开始时竞争者众多，
越到后面，
人就会越少，
坚持下去就是胜利。

没有鸡血,亦无鸡汤,励志偶像赵蓉姐用自己最真实淋漓的人生故事,道出她披荆斩棘一路筑梦的历程。步步勇猛、步步惊心,给当下的女性以"筑梦"的决心和勇气!作为女子,她从未有一天向现实妥协,亦从未有一秒背离过自己,始终用智慧和独立、用勇气和坚持,以梦为马,行在自己的世界中,披荆斩棘,高歌前行。筑梦吧!姑娘们,你也可以。

桑妮

筑梦者

智慧和独立的故事

赵蓉 著

当代世界出版社
THE CONTEMPORARY WORLD PRESS

图书在版编目（CIP）数据

筑梦者：智慧和独立的故事 / 赵蓉著. -- 北京：当代世界出版社，2021.1
ISBN 978-7-5090-1110-2

Ⅰ．①筑… Ⅱ．①赵… Ⅲ．①卫生间－家具工业－工业企业管理－经验－佛山②浴室－家具工业－工业企业管理－经验－佛山 Ⅳ．①F426.88

中国版本图书馆CIP数据核字(2020)第236569号

筑梦者：智慧和独立的故事

作　　者：	赵　蓉
出版发行：	当代世界出版社
地　　址：	北京市东城区地安门东大街70-9号
网　　址：	http://www.worldpress.org.cn
编务电话：	（010）83907528
发行电话：	（010）83908410（传真）
	13601274970
	18611107149
	13521909533
经　　销：	全国新华书店
印　　刷：	永清县晔盛亚胶印有限公司
开　　本：	710×1000毫米 1/32
印　　张：	7.5
字　　数：	100千字
版　　次：	2021年1月第1版
印　　次：	2021年1月第1次
书　　号：	ISBN 978-7-5090-1110-2
定　　价：	68.00元

如发现印装质量问题，请与承印厂联系调换。
版权所有，翻印必究；未经许可，不得转载！

序

太阳直射北回归线。

我面前的书稿《筑梦者》,使夏日的正午变得凉爽起来。

朗斯卫浴总经理赵蓉,事业辉煌,家庭幸福,具有上善若水的人格魅力,无疑是令人仰慕的成功者。

读她的文章,我们会发现:和善是赵总最大的财富,像一束光,照亮她的内心,也温润着她的事业。

赵蓉童年时代就有使命与担当的意识,主动承担家庭重担。

初到北京,赵蓉就遇到沙尘暴,感受到干渴,这使她坚定了要做一项与水有关的事业。

成功始于担当。赵蓉和大家分享的,都是她成功的经验。

人人渴望成功,但怎样才能走向成功?赵蓉告诉大家:坚定信念。

赵蓉创立朗斯品牌,有过多少曲折,她没有讲,她只讲朗斯代表的顽强和拼搏的精神。

千辛万苦的奋斗中，赵蓉平心若水，恒守若水，得失若水。

为追求高品质，研发出更完美的产品，赵总在法国建厂，不惜耗费巨额资金。

心有大善，任何艰难困苦都会踩在脚下。赵蓉说："很多人羡慕成功者的辉煌，事实上没有人是一帆风顺、不吃苦就能成功的。很多成功者，都是从低处一点一点爬起来的，只是人们只顾着感叹山顶的好风景，却忽略了山路的艰险漫长。"

赵总的恒心与毅力、顽强与拼搏都源于善！

有个女孩，刚来朗斯公司几个月就查出白血病。女孩家庭经济条件有限，没有能力负担医疗费，决定回家休养。赵总带领公司高层带头捐款，把员工宿舍腾出来给女孩父母住。

女孩离世后，留下一笔捐款，赵总把这笔钱留给了女孩父母，她想的是：力所能及地减轻女孩父母的伤痛。

心有大善，生命中的每一缕温暖，都成为感化和力量。赵总第一次看望留守儿童，她的两个儿子略带"嫌弃"，觉得这些孩子身上不干净。

赵总没有批评孩子，而是用真情和爱去拥抱每一个孩子。在她的带动下，两个儿子也张开双臂拥抱缺少爱、内心呼唤爱的孩子。

以真心换真心，不把压力带回家，寻求处理婆媳关系的最佳方式，用信任换得人心……都是赵总爱的行动。

老子说上善若水。后人总结：上善若水，中善若火，下善若石。

也有人总结：上善若水，中善若竹，下善若刀。

感谢赵总，用自己的亲身经历告诉我：善若水，上善若水，中善若水，下善若水。

为什么要分上中下呢？赵总的豁达和善念像一种内在力量，无时不在发挥着作用，似点滴之水汇聚成溪，像潺潺小溪汇聚成河，必将若江河之水汇聚大海！

　　赵总提倡：朗斯不仅要专注卫浴文化，更要弘扬传统文化，让产品拥有精致、时尚、高端的外观，帮助每个用户圆梦，让他们拥有更完美的生活。

　　放下书稿，我想：以前用卫浴选朗斯，是选品质；今后选朗斯，是选择爱。

庚桥

庚子年夏至

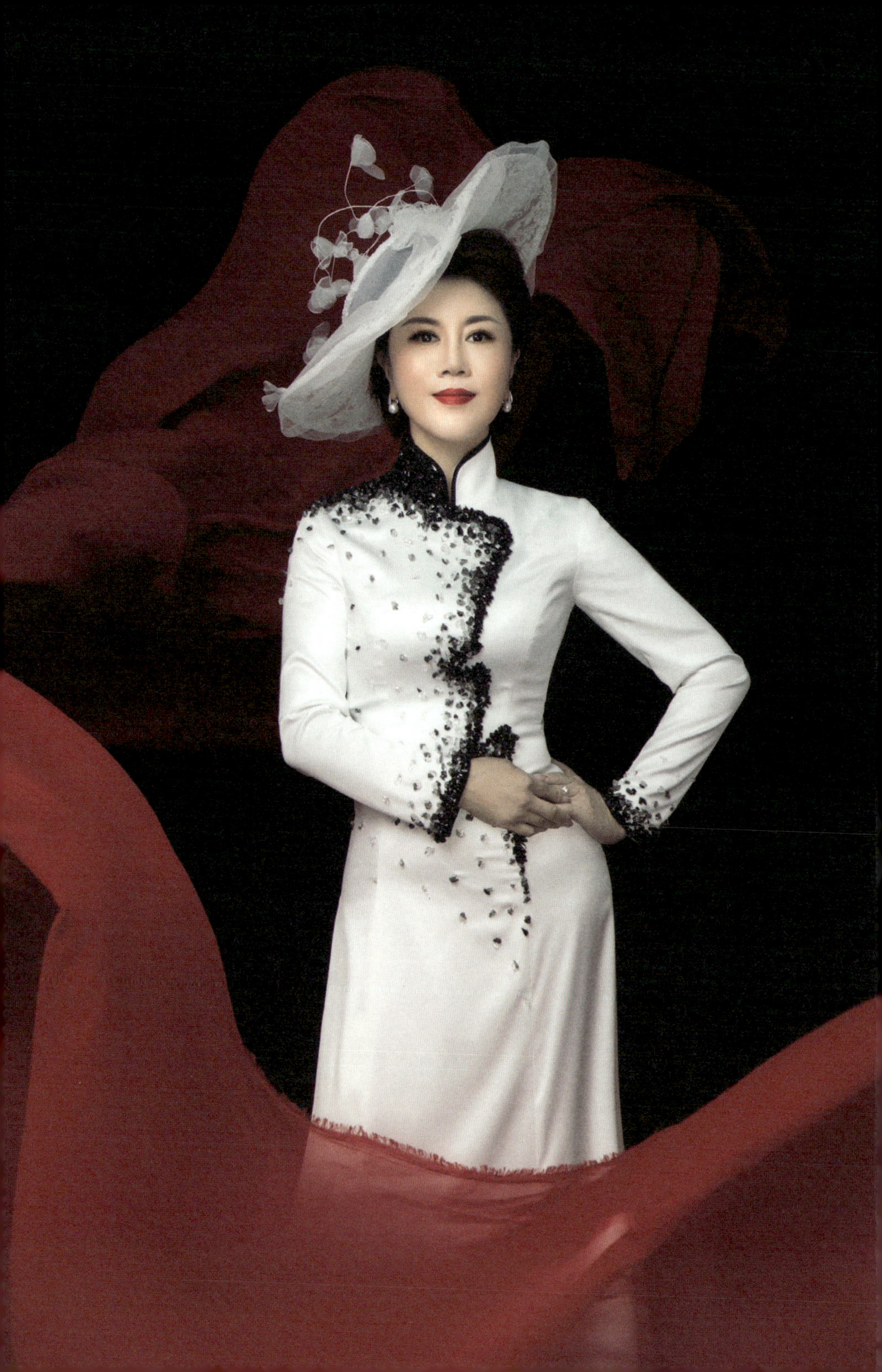

目录

第一章 成长中的"得"与"失"

01 感谢压力,给我开启新世界的勇气 /10
02 越缺乏什么,就会越珍惜什么 /21
03 像树一样去生活 /29

第二章 回首创业之路

01 初来北京的不适应 /38
02 没有一蹴而就的成功 /45
03 专注带来深度 /54
04 品质是企业的生命 /61

第三章 持家之道

01 以真心换真心　　/70
02 别把压力带回家　　/78
03 处理婆媳关系的最佳方式　　/86
04 父母的愿望其实很简单　　/95
05 拥抱孩子，是爱的表述　　/102
06 资助白血病员工　　/110

第四章 公司是个大家庭

01 你所做的，他们都能感受到　　/120
02 留住员工的秘诀　　/127
03 信任是得人心的妙方　　/134
04 因为我们是一家人　　/142
05 为员工圆梦，找到人生规划　　/149

第五章 在社会传递爱

01 比起金钱，他们更需要爱　　/160
02 陪伴是最好的关怀　　/169

03 我有女儿了　　/177
04 给予爱是一种快乐　　/184
05 我爱我的祖国　　/190

第六章 网络时代的思考
01 女性该如何实现自我价值　　/198
02 关于父爱这件事　　/203
03 所谓的成长，就是你要学会坚强　　/208

后记　/218

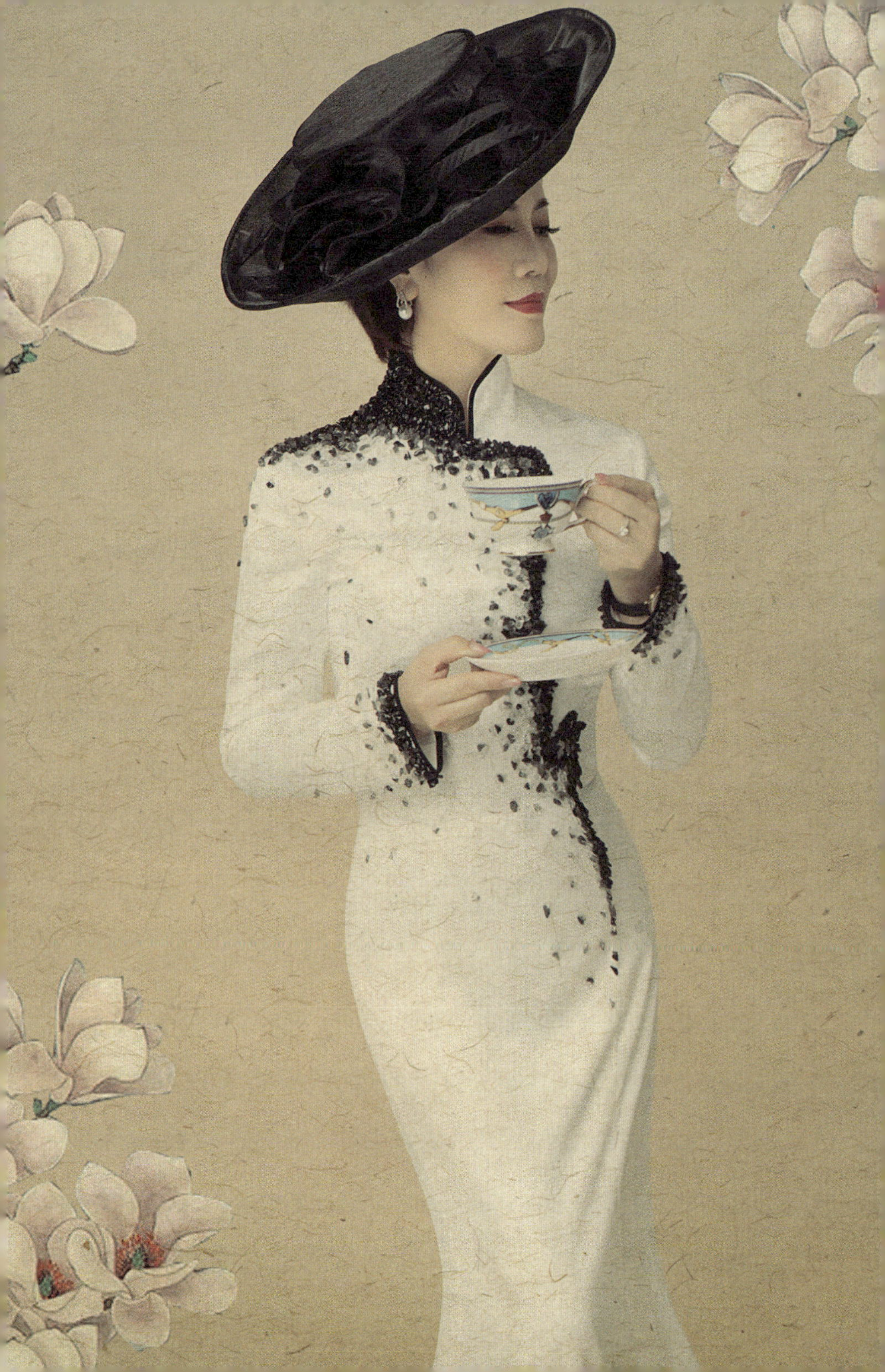

第一章

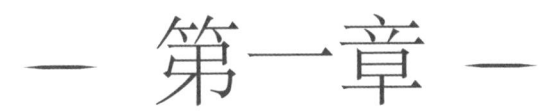

成长中的"得"与"失"

第一节 01

感谢压力，给我开启新世界的勇气

这些年来，我见过形形色色的人，其中不乏想要创业的女性。她们和我谈论时，常常有人提到自己身上的压力很大，尤其是那些正在尝试创业的家庭主妇们，她们不知道该如何克服压力，希望我能给出指导意见。对此我只有四个字送给她们：坚定信念。

第一章 成长中的"得"与"失"

　　如果你有一定想要做成的事，就不要担心会有压力。要相信，所有的压力都会成为你成长的动力。如果能在不被众人认可的情况下做成某件事，岂不是更有成就感？

　　要想成长为强大的人，内心就得先变得强大起来。在这一点上，我深有体会。而这和我的原生家庭以及过往的经历有很大关系。

　　我在家排行老二，上面有一个哥哥，下面有一个妹妹。妹妹出生后不久，外婆来看她。当时我母亲正为照顾家中的三个孩子手忙脚乱。

　　母亲在出嫁前是家中的大女儿，素来很受宠爱。而外婆家在那个年代又属于条件还不错的，出于心疼，外婆便主动提出帮忙带一个孩子回去照看。那时我虽然年纪小，但很乖巧，又不爱哭，于是迷迷糊糊地就被选中了。

　　就这样，我跟着外婆长大了。她是一个很优雅的传统女性，虽然岁月在她脸上留下了痕迹，但也不难看出她年轻时靓丽的影子。由于生活得精致，如今就算九十高龄，她也仍然精气神十足，不得不叫人钦赞。外婆也一直是我最崇敬的人之一。

筑梦者 ——智慧和独立的故事

外婆是一个优雅的传统女性，
九十高龄依然生活得精致！

第一章 成长中的"得"与"失"

小时候,我最大的梦想是成为像外婆一样的人。专心相夫教子,也不失为美满的人生。但是,造化弄人,在我十余岁刚去学校上学的时候,哥哥病了。

尽管当时我还不懂事,但也能从外婆的忧心忡忡中意识到事情的严重。接下来的几年,我只断断续续听到哥哥在治病的消息。然后突然有一天,我放学回去,一路上总能感受到人们不经意地叹息。

我匆匆往回赶,刚跑进门,就看见母亲弓着腰和外婆对坐在那里。听见我的声音,母亲也没挪身子。从梁上投下的阴影像是有了实体,死死地压住了她。我隐隐意识到似乎发生了什么事情,有心开口询问,可外婆却冲着我摇了摇头。

过了许久,母亲才抬起那双哭肿了的眼睛跟我说:"哥哥不在了。"

那一刻,堪比五雷轰顶。

我瞬时明白了路边那些不经意叹息的由来。我打小就知道,哥哥是我们家的顶梁柱。作为长子,哥哥一直很努力奋进,总说要带我们一家子过好日子,还说挣了

筑梦者 ——智慧和独立的故事

不知道该如何克服压力，
我只有四个字：坚定信念。

第一章　成长中的"得"与"失"

钱要给我们两个妹妹买新衣裳。哥哥生病的时候，我虽然心里没底，但每次有人问起，我也总是说着"好些了，好些了"，仿佛这样就真能好些了一样。

可我没想到，他到最后还是走了。那时，他才只有十七岁，还未成年。而我们也终究没能穿上他笑着许诺过给我们买的新衣裳。

家里的顶梁柱没了，父亲整个人像是被抽干了一般，没半点血气。母亲更是很长时间也不说一句话，但我知道她晚上会偷偷对着屋子的南面哭，那是哥哥原先所住房间的方向。有好几年，他们的两鬓都是斑白的，长不出新发来。

妹妹虽然还小，但也能敏感地察觉到家中气氛的压抑，变得加倍懂事起来。

自从哥哥不在了以后，我就从外婆家搬回了自己家生活。但不知怎的，走在路边，面对别人的眼光总会变得莫名心虚起来。和母亲出门去集市的时候，我们偶尔会遇见哥哥从前的玩伴，在不知不觉间，他已经长成比我母亲还高的大小伙子了。他冲母亲打招呼，母亲会微

筑梦者 ——智慧和独立的故事

你能成为什么样的人，
取决于你想成为什么样的人。
有改变命运的决心，
才能改变命运。

第一章 成长中的"得"与"失"

笑着点头答应,在旁边看着的我却发现,母亲眼底的神色好像又暗了一些。那玩伴走后,我看着他高壮的背影,忽然想起哥哥原先应当是比他还要高上一些。

我们家最高壮的人是父亲,但他这几年也在不知不觉中清瘦下来。和父亲消瘦速度成正比的,是母亲日渐变得粗糙的双手。这双手本来保养得还算不错,可哥哥走后,母亲就越来越忙了。听妹妹说,往年母亲还不时会出去串串门子,拉拉家常,但自我搬回家后,基本只能看见她在家里不停忙碌的身影。

母亲手头的活计变得格外多,像是永远也缝补不完似的。有一天,我和她一起晾衣服,隔着衣服看见她布满青筋的手,那双手被水泡得格外肿大,不像是个小巧妇人的手,反倒更像是男人的手了。就是这样一双女子的手,撑起了我们的大半个家。

自此,我便暗暗下定决心,一定得好好努力,干出个样来。我也要成为家里的顶梁柱,要撑起这个家,要改变我们家族的命运,要改变我们一家的生活。

谁说女子不如男?女孩儿也能顶半边天。

筑梦者 ——智慧和独立的故事

　　这句话，当初的我只能将它刻在心上；但现在的我，却能凭借这些年努力的成果，光明正大地向全世界宣告。你能成为什么样的人，其实取决于你想成为什么样的人。有改变命运的决心，才能改变命运。

　　其实现在回想起来，当初哥哥走后，我确实在家中感受到一些压力。这些压力曾带给我苦闷，但相比起来，我却更要感谢这些压力，因为是它们在我心中种下了一颗不服输的种子，打开了我的新世界的大门，让我有了不一样的决心，去创造，去改变。如果只一味地在温室里娇养，就无法适应严寒，绽放美丽。

　　我的创业过程并非一帆风顺，但每当遇到困难和质疑，我总会想起以前的经历。在我还是一个普通小女孩儿的时候，没有人看好我，也没什么人相信我，但我还是一步一个脚印走到今天，我所凭借的就是自己要闯出一片天地的心气。而现在，一切都在越来越好，我相信一切也将会越来越好。

　　从一无所有到收获成功，一路走来，我感谢所有压力，是它们给了我前进的动力和勇气。因此，面对质疑不知道应不应该踏出第一步的你,我所能说的是要相信自己,坚定信念。若不主动去做、去争取,就永远不知道自己的极限在哪里。

所以,奉劝各位年轻的女孩儿们,永远不要让外界的质疑动摇了你,无法打败你的终将成为你的助力。就像人们常说的:"如果你不逼自己一把,就永远不知道自己有多优秀。"

我要感谢压力,给我开启新世界的勇气;也要感谢生活的挫折和意外,让我成为懂得感恩、珍惜和爱的人。不要惧怕生活的压力,也不要被眼前的困难吓倒,上帝在送你礼物时标好了价格,同样在考验你的时候也会给你相应的奖励。

筑梦者 ——智慧和独立的故事

我要感谢压力，
给我开启新世界的勇气；
也要感谢生活的挫折和意外，
让我成为懂得感恩、珍惜和爱的人。

第二节 02

越缺乏什么,就会越珍惜什么

我出生在陕西安康下属的一个县,那里风景挺美,山好水好,但用水却没那么好。当时村子里还没通自来水,大家要想用水,就得自己拿扁担去担水回来。

筑梦者 ——智慧和独立的故事

担回来的水被集中储存在一口大缸里，需要用水的时候就从大缸中取水。小时候，我对家里这口大缸的情感很复杂，可以说是又爱又恨。每次担水的时候，总会觉得这大缸太深，仿佛是个无底洞，怎么也填不满。但若到用水的时候，又会嫌弃这大缸太浅，才刚洗了衣服就要见底，剩下的水连做饭都不够用了。

家里的水总是不够用。父亲去田里劳作的时候，家里总要有人去担水。哥哥走之前，这件事自然不用多说，由他一人包办。他走之后，没人公开提起过担水这件事，但我和妹妹都很有默契地主动挑起了担水的担子。

我还记得第一次和妹妹一起出门担水的情形。那时父母还沉浸在丧子之痛中，家里的气氛很压抑，父亲每天早出晚归，母亲也总是失魂落魄的。那天母亲说要整理哥哥房里的东西，进了屋后，许久没出房门。我和妹妹怕母亲睹物思人，但也不好多说什么，便商量着一起去担水。

那时我俩岁数还小，力气都不大，挑起扁担来晃晃悠悠的。刚开始的时候我们仿照大人们担水的样子，想

第一章 成长中的"得"与"失"

在扁担两头挂上满满的两桶水,但是才刚试了试一桶水的重量,我们便很有自知之明地放弃了这个想法,转而将一桶水平均倒在两个空桶里,在扁担两头各挂半桶水。我的个子比妹妹高,便在中间挑着扁担,而妹妹则在后面帮忙扶着桶。这样一趟下来,虽然只有平常人家担水量的一半,还要多往返几次,但看着大缸逐渐被我们担回来的水填满的样子,还是很有成就感的。

说老实话,第一次担水的时候,虽然有妹妹在后面帮忙扶着桶,但扁担前后的重量一下子全压在我肩膀上的时候,真的挺痛。水桶很沉,沉到我只能微微伛偻着腰来减轻压力。咬牙来回挑了几担水,感觉背似乎都直不起来了。那时又是夏天,穿得单薄。刚挑完水的时候,只知道手被绳子磨红了,火辣辣地疼,没太留意别的地方。到了晚上,才发现肩膀上也被扁担磨破了皮,和衣服黏在一起,好在没怎么出血。

看到磨破皮的肩膀,我没觉得很痛,只是有几分怨恨,恨自己太娇弱、不争气。那时也会情不自禁地胡思乱想,觉得要是哥哥还在就好了,或者,要是自己是男孩子就

筑梦者 ——智慧和独立的故事

有时候越缺乏什么，

就会越珍惜什么，

珍惜水的种子这个时候种在我的心里。

好了。可是男孩子能做到的，我们女孩子就一定做不到吗？就像担水，或许一次担不了他们那么多，但我们可以多担几次。我相信，很多先天的不足都可以通过后天的努力去补救。

我从没跟家里人说过我受伤的事情，只是在心里暗下决心，不管多难多累，都要努力做好能为家里分忧的每一件事。我想让父母知道，虽然哥哥走了，但他们还有我和妹妹，我们也能帮忙撑起这个家。

不过没过多久，我和妹妹便找到了最适合我们的担水方式——抬水。将一桶水放在扁担中间，我俩一前一后地抬着它，这样更快也更省力。抬水的时候多了一个人作受力点，我的肩膀也没再磨破过。

再后来，我和妹妹逐渐长大，慢慢的，一个人也能挑起扁担了。父母虽然嘴上不说，但自从我和妹妹开始承包家里担水工作的那天起，他们看我们的眼神也愈加欣慰了，这使我由衷地觉得高兴。我明白我和妹妹所做的一切努力，他们都看在眼里。

现在回想起来，我心中珍惜水的种子大概就是在那

筑梦者 ——智慧和独立的故事

个时候种下的。有时候越缺乏什么，就会越珍惜什么。小时候因为用水困难，担水不易，所以家里的每一滴水都是精打细算着用的。还记得有一天我睡到半夜突然口渴，起身之后却发现家里一滴水都没有，不得不闭上眼睛在床上咽着吐沫等天亮。那时我真真切切地感受到身体对水的渴望，也第一次明白，原来望梅止渴比画饼充饥要难熬得多。等天一亮，我就迫不及待地出门去打水了。自那以后，我的床头总是会备上一壶水。后来我每次给父母改善居住环境的时候，第一时间想到的也是关于用水的问题。

现在城里用水方便，家家户户都有自来水。水来得容易，很多人便常常不以为意。但每年也总有那么一两天，小区会因为各种各样的原因断水。看到通知的便着急忙慌地在家里翻出盆啊桶啊的赶紧储水；没看到通知的，则会被断水打个猝不及防。每当这个时候，大家才能真正感受到水的必不可少。

我成年出来工作的时候，被劳动局对调到了苏州。所谓对调，就是友好城市之间互相派遣人员，你那儿的

第一章　成长中的"得"与"失"

人到我这儿交流,我这儿的人到你那儿学习。当时我的心里就有一个梦想,那就是将来我一定要做一个和水有关系的事业。这便是我与水结缘的开始。

这么多年过去,也常常会有人问我为什么选择做和水相关的产业,是因为早就看好它的前景,亦或是出于别的什么考虑?其实对我来说,与水相关的这份产业不仅仅是我的事业,更是我的理想。

缺水对大部分人来说都不算什么好的经历,我也曾因此多受了不少苦。但其实现在想来,我还是应该感谢这段经历的。因为正是小时候缺水的经历才让我更珍惜水,而对水的热爱则一直支撑着我不断努力、不断拼搏。

有时候,"缺乏"会让人学会"珍惜","富有"则让人不以为意。顺风顺水未必一定是好事,而多受的苦难却能为你找到奋斗的目标,并让你为之不断努力。

人往往就是因为没有拥有过,才会倍加珍惜眼前的所有。其实这是一件好事,古话都说:"天将降大任于斯人也,必先苦其心志,劳其筋骨,饿其体肤。"把所有的磨难当作一场考验,即使深陷泥潭也同样能找到光明与出口,绝地逢生!

第三节

像树一样去生活

我们老家院子里有一棵槐树,自我记事起它便在那儿了,也不知长了多少年。这棵槐树长得粗壮极了,枝叶茂密,亭亭如盖。小时候,我和小伙伴们常在树下玩耍。

筑梦者 ——智慧和独立的故事

那时候,大家总是盼着快点长大,其实在孩子眼里长大就等于长高,我们总是比着那棵大槐树看自己有没有长高。我和妹妹比其他人都要长得快,是小伙伴里最高的。我们想快点长大,这样就能替父母分担责任和重担,可以给家人更好的生活。邻居有个哥哥,总是摸着我的头说:"你们也太可爱了,但你们什么时候才能长高啊。"

其实这个视角我们自然都懂,就像我们俯视猫咪一样,在我们眼中猫咪也是娇小可爱的,但在猫咪眼中可完全不是一回事儿。因此虽然被夸了可爱,我们心里却是不服气,只默默地想着:"总有一天我会长得比他还要高。"当时的我们只知道站得高能看得远,却还不明白站得越高责任越重。后来的我越长越高了,遇到的事也越来越多,这才渐渐懂得这个道理。

小时候我和妹妹一起,偷偷地在大槐树上留下自己身高的印记,经常掰着手指算着这年又长高了几厘米,比起之前是长得快了亦或是慢了,然后畅想按自己的长个速度究竟要等到什么时候才能长到像爸爸那么高大,可以撑起家里的重担。这是我们之间的小秘密,约定好

第一章　成长中的"得"与"失"

了不告诉其他人。而大槐树总是不声不响地伫立在那里，永远沉默着，就算被还不懂事的我们伤害了也一声不吭，像是饱经风雨的老人无奈地看着调皮捣蛋的孩子一样。

正因为大槐树总一声不吭，所以我曾经心安理得地享受着对它的放纵。直到有一次我身上起了红疹，一片一片的，痒得我上蹿下跳地到处乱抓。我的胳膊上被挠出了一道道红痕，有的地方甚至快破皮了，难受极了。母亲找附近的老人帮忙看了看，说是湿疹，要用槐树叶治，便急忙去院子里摘了一大簇槐树叶给我烧水洗澡。就这样，我一连洗了好几天槐树叶水澡，身上的红疹才终于慢慢消了。最后一天我洗完澡到后院一看，大槐树有一整根枝丫被生生薅光了叶子，光秃秃的，在月光下格外显眼。

原来大槐树只有那根枝丫长得比较低，不用架梯子伸手就能够到。母亲急着给我烧水，每次摘叶子时自然也不会顾及那么多，就只摘那一根枝丫上的。我站在门口望大槐树的时候，身边就围绕着槐树叶的味道；走到树下的时候，那股味道更浓了，已然分不清是槐树身上

筑梦者 ——智慧和独立的故事

不断学习，不断努力奋进，
不断永攀高峰；
而在这个过程里，
更要学会像树一样隐忍，
做个有智慧、有力量的人。

第一章 成长中的"得"与"失"

叶子的味道,还是我身上槐树叶子的味道了。那根光秃的枝丫还直勾勾地向上伸着,不知道是不是在羡慕上面茂密的枝叶。一阵风吹过来,存留的树叶们沙沙作响,像是在向我身上同伴的魂灵致意。这时我才明白,其实大槐树也是会说话的,只是平日的我们听不见,或者说没那个心思去听罢了。

其实仔细想来,我受大槐树的恩惠还真挺多。每年春天槐花开的时候,我们姐妹就会去帮母亲摘槐花。槐花能做的吃食可不少,可以直接晒干当花茶冲泡,也可以洗干净和面粉加水混合,放在笼箅上蒸熟了蘸醋吃。不过我最喜欢的,还是槐花馅饺子。将洗干净的槐花切碎,无论是和大葱还是鸡蛋一起做馅,都是很好吃的。

那时候家里的经济条件还没那么富裕,若是全用鸡蛋做配料,着实是一件奢侈的事。母亲每次煮槐花饺子时,便会煮一锅槐花葱馅的,搭上几个槐花鸡蛋馅的,在锅里搅匀了,想吃槐花鸡蛋馅的全凭个人运气。这倒挺像过年时包硬币饺子看谁有福气吃到一样,不过鸡蛋和硬币还是有区别的,包着硬币的饺子基本没什么破绽,

筑梦者 ——智慧和独立的故事

往往得咬开馅才能知道；而有鸡蛋的饺子虽然在锅里一个个看起来伪装得和葱馅的一模一样，但凑近闻起来，那香味却是藏也藏不住的。

母亲总是最后一个去盛饺子，偶尔捞上了香喷喷的鸡蛋饺子，还会分给我们。小时候每逢过年，母亲也是最后一个去盛饺子，但一次也没捞到过硬币饺子。反而是等我长大了，自己给家里人包硬币饺子的时候，母亲才吃中了那么几回。我疑心当初她在包硬币饺子时，做了些只有自己能认出的标记。

意识到大槐树的好后，我也不免为自己小时候不懂事时对它的伤害感到羞愧。出于某种微妙的补偿心理，那年我对大槐树格外殷勤，常去给它浇水施肥，还时不时拿着小铲子去给它松土。母亲对我的这些"反常"行为感到意外，但我又难以说出曾经的小秘密，就只能推说是为了感谢大槐树治好我的湿疹。因此我还被母亲夸奖"善良"，倒让我感觉更不好意思了。

第二年春天，槐树又开花了。这年它开的花比往年都要多，一串串白白胖胖的槐花挤满了枝头，每片花瓣都肥厚柔软，看着就可口。母亲说这都是我精心照料的结果，但我只觉得这大槐树可真是慷慨啊。之前我不自觉受它恩惠的时候，它不求回报；后来我有意识想要报答它的时候，它却没有坦然受之，反而给了我更多的回馈。

后来母亲谈起种树这件事，说是前人栽树后人乘凉。但我仔细想了一想，若是换种方式思考，有时候前人种树的目的，可不就是为了后人能乘凉么；而树之所以能被培育，也是多亏了它荫蔽他人的无私。树在帮助别人的同时，也无意中帮助了自己。

从某种意义上来说，大槐树对我在待人处事方面有着很深的影响。除了助人这件事外，我还从它身上学到了很多。无论是在烈日下还是在暴雨中，它总是无言地向上生长着，不曾后退折腰。这种顽强奋斗的品质也时常鼓舞着我，无论遇到什么样的艰难险阻，都要咬紧牙关、执着努力，坚持就是胜利。

是的，像树一样去生活，去一往无前地奋斗拼搏，去不求回报地帮助他人。秉持着这种人生态度，一路走来，我觉得自己收获了很多。有时候帮助他人也是在帮助自己，而执着往往是走向成功的动力。

  人往往无法做到像树一样隐忍，是我们的修行不够。在漫长的人生道路上，当你遭遇许多艰难险阻，经过长途跋涉登上高峰后，那一刻你会发现，真的没有什么成功是随随便便得来的。我们要做的就是在路上不断学习，不断努力奋进，不断永攀高峰；而在这个过程里，更要学会像树一样隐忍，做个有智慧、有力量的人。

第二章

回首创业之路

第一节 01

初来北京的不适应

2000年,我第一次来到北京,当时四环路还没全线通车,更别说五环六环了,地铁也才开了1号线和2号线。

第二章 回首创业之路

当时北京大街上的汽车虽然已经有不少了，但总的来说还是自行车多。我看着那一辆辆凤凰经典款的老式二八自行车从眼前经过，觉得很是亲切。因为从前在安康的时候，我家里也有辆这样的自行车，父亲常常骑着它载我和妹妹。我们一家人出行，也常常用到它。

那时候北京的很多公园都不要钱，像玉渊潭、地坛、双秀公园还有郭守敬纪念馆等，都是免费开放的。刚来首都那阵子，我就把这些免费的景点转了个遍，还在天安门广场拍照留念。

不过除去刚来到首都的兴奋，我对北京的最大感觉，就是一个字——干。我来北京时是春天，毫不夸张地说，一下火车，迎面吹来的风都是干燥的，让我情不自禁地咽了口吐沫。一路上周转了几个小时，等好不容易到了临时住处，我只觉得口渴极了，抱着个水壶就狂灌一气，简直就像是久旱逢甘霖一样。

在北京，我第一次亲身体验到了传闻中的沙尘暴。记得当时我正在小摊上吃馄饨，忽然一阵狂风袭来，漫漫黄沙铺天盖地，一下就把小摊整个掀翻了。馄饨自然

筑梦者——智慧和独立的故事

是吃不下去了，我用手捂着嘴艰难地跟着摊主撤进店里，黄沙也跟着一起涌进来。老板费劲地把门关严实，任由风在外面咆哮，然后店里的人就开始疯狂地抖头上和身上的沙子。

那场沙尘暴足足刮了好几个小时，老板和其他顾客都一副习以为常的样子，甚至在店里开始闲着没事唠起家常。只有初次遭遇沙尘暴的我，听着门外的动静，还有点惊魂未定。当时北京的外地人少，来北京的不是出差跑关系的，就是旅游的，基本都待不了三两天。老板是老北京，一听我说着一口普通话，便知道我是外地客了。他也不多问，只是笑眯眯地问我是不是被吓着了。据说这沙尘暴从前一年——也就是1999年才开始有的，不过这一年多下来，他们也都习惯了。

一转眼已经20年过去了，北京五环六环都建成了，地铁开到了16号线，当初那个小吃门面早就被拆迁了，老板也不知去了何处，沙尘暴也在逐年减少，威力也没从前大了。

除了嗓子干外，我的皮肤也一直在向我抗议着对北京干燥气候的不适应,为此,我不得不在脸上涂上厚厚的雪花膏,甚至还用上了唇膏。我开始随身携带水杯,学会使用加湿器。早些年还没有加湿器的时候,我便用最原始的方法——在房间的角落里放一盆凉水,让它自然蒸发。这个法子还是别人教我的,很有用。

我到北京之后,足足过了大半年才逐渐适应了这里干燥的气候。自幼就生活在北京的朋友可能难以体会这种感觉,但我的老家陕西安康依山傍水,地处秦岭汉江一线以南,雨量充沛,和北京比起来湿润多了。说起来,北京一直缺水,从 20 世纪 90 年代就开始规划调水;而安康是南水北调中心工程的核心水源区,甚至有着"一江清水供北京"之说。这么看来,我、北京与水,可真是有着不解的缘分。

在 2000 年的北京,创业的机会还是有很多的。当时很多行业都在发展,所以说可以选择的行业其实也不少。就拿服装行业来说,从 1999 年下半年开始,全国服装市场需求增大;到了 2000 年上半年,国内服装行业仍保持着平稳增长。也就在这一年,北京市服装纺织行业协会正式挂牌。除了服装行业外，开饭馆或者做茶叶生意也是不少初创业人士不错的选择，毕竟饮食类一向是热门行业。不过几经考虑，最后我还是选择了做淋浴房这个项目，因为这是我的初心。

前面我曾经说过，打小我便有一个梦想，那就是将来要做一个与水有关的事业。来到北京后，北京的缺水环境勾起了我很多回忆，也让我越发明确了自己的方向。我想做一个可以节约用水的东西，而在我们日常生活中，水资源浪费最多的时候便是洗澡了。当时淋浴还不是很普及，很多人家都是用桶坐浴。和淋浴相比，坐浴要用的水可就多得多了。就算是淋浴，花洒的水量控制也直接关系到洗澡时的总用水量，花洒喷头的出水孔排列大有文章可做。在经过一系列详细调研后，我终于下定决心，在北京开设了第一家淋浴房店铺。

我们的第一家店铺开在北京和平里的建材经贸大厦里，刚开始的时候手头拮据，也没什么资金去盘更好的门面，那里便是我们考察后综合分析后的最佳选择。当时建材经贸大厦里主要是经营各种高档建材，最有名的便是各类进口瓷砖。还有卫浴相关的品牌,像美标还有科勒等,它们早已在市场上占据了一席之地。

其实刚开始做淋浴房项目的时候,我们在这个领域也没有什么经验。但不知不觉间,我们从北京和平里的第一家店开始,陆续一个店一个店地扩张起来。现在我们在北京的店铺已经发展到60多家,算上其他的加盟店,在全国的品牌店铺多达2000多家。

在创业之初,我们也没想过可以这样大获成功。

在我们心中,淋浴房这个项目的产品是干净清洁温暖而又有棱角的,它代表了一种刚毅坚强的内心。我们每个人心中都有一个坚强的支撑,虽然温暖却并不柔弱,既刚毅坚强,又能吃苦耐劳。我们想做的是将这种人文精神和产品特质结合起来,最终达成完美的统一。

对北京干燥环境的不适应,在一定程度上也加深了我对水的珍惜和热爱,更坚定了我做与水相关事业的想法。在此期间,我虽然十分怀念家乡的湿润气候,却从没想过要打退堂鼓离开。

在适应环境的大半年里,我成功找到了自己的奋斗

筑梦者 ——智慧和独立的故事

目标,这是一段极其重要的成长历程。后来每当遇到波折时,我总会想起这段经历,并尝试着去适应逆境。

其实,学会适应是一种对自我的挑战。在不断适应环境的过程中,可以坚定意志、磨炼毅力,从而实现自我超越。不要放弃任何可以挑战自我的机会,因为无论面临的挑战大小,每一次的经历都将是宝贵的经验。

当在一次又一次的挑战中获得成功,看到希望时,我们将摆脱所有的困局,拨开云雾,一个更大更新的世界会展现在我们面前。重要的不是结果怎样,而是在每一次的挑战中是否有所收获,是否有所成长,这正是我想告诉大家的。

不管你正在学习还是创业,不管你经历着怎样的生活挫折,都不要放弃,尝试面对困难并勇敢挑战,你总会找到适合自己的生存方式。

那些看似对你来说十分艰难的事,最终都将被克服。把不适应变成适应,这是人类千古不变的生存法则,希望你也拥有。

第二节 02

没有一蹴而就的成功

很多人羡慕成功者的辉煌,但事实上,没有人是一帆风顺、不吃苦就能成功的。其实很多成功者,都是从山脚下一步一个脚印爬上去的,只是人们大多只顾着感叹山顶的好风景,却忽略了山路的艰险漫长。

筑梦者 ——智慧和独立的故事

我们正式开始经营朗斯卫浴这个品牌是在 2002 年，而在 2000 年到 2002 年期间，我们的店铺其实一直在做另外一个品牌的代理商。

品牌代理这件事其实挺常见的，当你进入一个自己从前完全没有涉猎过的领域的时候，最快加入市场的方法就是做品牌代理。所谓品牌代理，就是个人或公司和品牌厂商签约，以较低的价格获取品牌产品进行销售，从中赚取差价。

品牌代理有几个好处，首先是能够降低投资和经营的风险，品牌方可以提供从营销到技术等一系列培训和支持，让初入行业者不用两眼一抹黑地瞎闯。再一点就是，成熟的品牌已经有一定知名度，可以迅速帮助我们打开市场，有助于积累属于自己的客源。这也是最开始我们选择做品牌代理的一个重要原因，为了多多学习和积累经验。

要知道关于创业这件事，有很多东西是无法从书本上学习的，只有在实际操作中才能掌握其中的门道。而要想招募这样有能力的人才，也绝非易事。

朗斯展厅效果图

47

筑梦者 ——智慧和独立的故事

而我们之所以会萌发自创品牌这个想法，其实是源于一次争吵。起初是有位顾客因为办事正好路过我们门店，便进来逛了逛。结果这一逛，就发现了大问题。原来这位顾客住在别的城区，在她家附近也有一家店卖淋浴房，而更巧的是，这家代理商和我们代理的是同一个品牌。之前这位顾客家里要装修，为了方便就在家门口的店订了淋浴房。结果这淋浴房还没装好呢，就发现我家店里同一品牌一模一样的淋浴房比她之前订购的要便宜不少，这可把她气坏了。

"本来以为是大厂家、牌子货，才放心订购的，谁知道还有这门道？"顾客忿忿不平地抱怨着，说回去一定要好好理论，让那家店给她退钱。虽然这是其他家代理商的麻烦事，但我却从中察觉到代理商定价不统一可能引起的纠纷。仔细想想，如果都是在北京，同一款商品在东城区卖100元，在西城区卖150元；而这两家店都声称自家是正品，最后发现自己买贵了的人心里自然不舒服，这是肯定的，毕竟人家"多花了冤枉钱"、"吃了亏"。但知道自己买便宜了的顾客心里难道就不膈应吗？俗话说，一分价钱一分货，只花 100 元就买到商品的人会不会对自己购入产品的质量产生怀疑呢——我买到的是正品吗？卖得便宜是不是因为产品有瑕疵啊？……要知道，怀疑的种子一旦种下，就会生根发芽，留下解不开的疙瘩。信任崩塌容易，建立起来很难。

后来，我反复思虑，最终还是决定去和品牌方谈一谈，毕竟这不是一家代理商能独立解决的问题，但其中潜藏的矛盾却可能在任意一家门店爆发。可惜的是，在这次交流中，我们没能和品牌方达成一致意见。在当时那个品牌老总看来，他们只是一个生产厂家，只需负责做好产品和供货。对于产品价格，品牌方也只能给出建议零售价，至于后续代理商怎么卖产品、是否遵循建议零售价，他们则无权过问。

而这一价值观，其实是和我们有冲突的。

在我们看来，销售除了要重视产品质量外，更要注重客户体验。也就是说，不仅要保证品质，还要让客户满意。有的代理商无视建议零售价，随意定价。开始的时候抱着宰冤大头的心态，想着能蒙一个是一个，挂高价出售，发现销量不好后,又开始疯狂降价,甚至不惜以接近进货价的低价进行大甩卖。

他们或许觉得反正自己只是代理商,哪怕能赚一点差价都是赚,殊不知这样的行为实际上是在消耗顾客的信任。只有真正做到价格统一、品质统一,才能让人买得开心、买得放心。

因为价值观的冲突,我们开始考虑有没有其他更好的选择。当时我们已经做了两年的品牌代理,有了一定的经验和客源积累,于是便决定创立属于自己的品牌,以实现自己的品牌理念。

其实那时候我们也没有挣到多少钱,但有句话说得好,年轻人就是要敢拼敢闯,不怕犯错,就怕错过。所以我们决定不管再苦再累再难,都要做出个名堂。想设厂,资金不够怎么办?咬牙借钱也要给它办成了。

凑齐了启动资金,接下来就要选厂址。当时我们四处找人打听,一提起生产花洒喷头,都说在广州那边。因为那边炼陶,有配套设备,而且全球采购也都得跑到广州去,或是佛山以及中山。而若在北京设厂,连配套设施都达不到，是万万不可行的。

于是我们便去了广州看厂房，想要找一个比较符合朗斯风格的地方。朗斯是我们定下的创业品牌名，代表了顽强和拼搏的精神。

还记得 2000 年 7 月的某天，住我隔壁的邻居兴奋地拉着我唠嗑，说她们长跑爱好者发起了一个万人长跑运动，就在天安门广场，问我要不要一起参加。那时我刚来北京不到半年，仍在为不适应这里的干燥气候所苦恼。烈日炎炎，若不是工作需要，我连门都懒得出，更别说是闲着没事干去长跑了，这不是自己为难自己嘛。但一听邻居说这次活动是为了彰显北京体育精神，有望帮助北京申奥，我这拒绝的话就怎么也说不出口了。到了活动那天早上，我刻意喝了杯水，又准备了水壶，别在腰包上，以便中途口渴补水。

那是我第一次参加远距离长跑，也根本不确定自己能不能坚持下来。说实话，开跑之前我咨询了一些人，也做好了心理准备，只当个凑数的，重在参与，一旦觉得支撑不住便及时退场，不硬撑。可是真到了跑起来的

筑梦者 ——智慧和独立的故事

时候，我就忘了之前的那些嘱咐和保证，满脑子只剩下一个字——"跑"。

跑！跑！向前！向前！长跑途中我曾一度感到口渴难耐，但即使是在补水的时候，我也只是放慢脚步，不曾停下。最终我不仅坚持跑完了全程，还取得了一个不错的成绩，这是此前我们都未曾想过的。

2001年，北京申奥成功。那天举国欢庆，而在满堂欢呼声中，我却不知怎的想到了自己曾参与过的万人长跑，那大概也算是为申奥努力尽了自己的微薄之力吧。

奥运精神里，有一条便是顽强拼搏。在那次万人长跑中，我更深层次地体会到了这点。我想办企业其实和长跑一样，总是在路上。刚开跑的时候身边的竞争者很多，但越到后面人就会越少，有时候能坚持下去就是胜利。

我们可以凭借着一股心气开厂创业，但要想成功，还需要顽强拼搏、坚持到底。没有一蹴而就的成功，但只要坚持跑下去，每前进一步，就离目标更进一步。

现在很多人总想着创业，有些是看着别人成功眼红，也有人是真的有想法和实力，不管是哪一种，希望大家可以坚持做到最后。人生不到最后一刻，你永远不知道自己的结局是怎样；创业不到最后一刻，你也永远不知道是成功还是失败。那些连尝试都没有过，只是听到别人说就被吓跑的人，真的很难获得真正的成功。

因为成功从来不是一蹴而就的，而是要历经千辛万苦，不停地奔跑在路上，拼着一口气到达终点才能换来的。

第三节 03

专注带来深度

我们创立的企业品牌叫朗斯,代表着顽强和拼搏的精神。

LENS朗斯
安全淋浴房

第二章 回首创业之路

朗斯源自法国一支球队的名字，我们曾经看过这支球队的现场比赛，觉得很燃，球队风格很好。正好我们也为取品牌名而头疼，便以此作为企业品牌名称，并投资了一支球队。

刚开始的时候，我们还坚持球队运营和产品研发两手抓。当时想的是如果做好了球队，不仅可以打响"朗斯"这个品牌，形成联动效应，还可以在联赛中植入广告，宣传产品。但天有不测风云，人有旦夕祸福。在某次比赛中，我们球队的队长在踢球的时候发生意外，导致脚踝骨折。

我去医院看他时，看到他的样子，我的心里很难受。有人宽慰我，说足球本身就属于高危运动，球员受伤也是家常便饭。但我还是感觉挺自责的，之前虽然打算运营球队，但事实上我们在这方面的经验，远比对淋浴房项目的了解要少。可对我来说，每一个员工都是企业的宝贵财富，每一个人受伤都会让我们感到心疼。因为这个意外，我们重新审视自己运营球队的能力，最终得出结论，企业刚起步，不该涉及多个领域。于是我们决定

筑梦者 ——智慧和独立的故事

朗斯淋浴房产品图

暂时搁浅足球运营,先集中精力把卫浴产品的质量做好再说。

事实证明,专注产品研发的策略是正确的。或者说只是做产品研发,就已经有太多太多的空间令我们去发挥和进步了。

"朗斯"这个名字不仅听起来挺洋气，事实上我们也一直是对标国外大牌去研发产品的。早年间国外制造业比国内发达，有很多国内做不到的技术。我们也秉持着精益求精的态度，把主要部件放在法国工厂生产，国内工厂只负责生产一些零配件。

当然这样做也有两大缺点：第一是成本过高。在国外，人力物力开支都比在国内要大多了，更何况还要额外加上一笔转运的费用。第二是运输问题。当时物流运输远不如今天这样快捷，国际货运也更加麻烦，要通过层层关检才能到达国内。因此许多顾客向我们抱怨，说想要定个货还得先等上半年，黄花菜都凉了。

对此，我们也很焦急，但一时半会儿也没有什么更好的办法。直到后来国内制造业逐渐兴起，就连科勒、TOTO 等国外卫浴巨头也纷纷在中国设厂。我们为此开会讨论，大家都十分看好国内制造业的发展，便一致决定将法国的生产线全部转移到广州。这样一来，最明显的变化是能够保证货期了。自从生产线迁到国内后我们的工期缩短到一至两个月，简直可以算是质一般的飞跃。

筑梦者 ——智慧和独立的故事

我们生产的卫浴产品，主要分为五大种类——便器、淋浴（花洒）、浴室柜（面盆）这基本三大件，以及浴缸／淋浴房和五金挂件两大件。这五大件是实现完整功能所必备的，其下又能细分出诸多小类。淋浴房虽然只是卫浴产品中的一个品类，但麻雀虽小五脏俱全，该有的生产程序可一样都不能少。

这几年有不少央企国企的领导来我们公司走访调研，其中有一位领导的话让我印象深刻。当时他刚刚参观完我们的制作工厂，看到我便不禁感慨道："太多了！太多了！"他说我们这个淋浴房，表面看来好像只有几个五金件、几块玻璃，但实际到厂子里走一圈才知道有多复杂！太多配件太多流程，看得他头都晕了。

他能有这样的感叹丝毫不夸张。因为在还没接触淋浴房的时候，我也觉得它构造简单，直到正式开始接触了解之后，才明白这其中有多少门道。一般来说，淋浴房由钢化玻璃、滑轮、合页、固定连接件或支架，以及顶棚盖板和底座构成。而在制造过程中，生产原料大致可以分为钢化玻璃、铜配件、铝材、滑轮、不锈钢配件以及防水密封胶条。这些不同种类的原材料，各自有着不同的生产工艺和测试标准。

就拿钢化玻璃来说吧，钢化玻璃是将普通退火玻璃加热到接近软化点的钢化温度范围，再进行快速均匀地冷却而得到的。在生产过程中，需要注意两点：一是玻璃原片的选择，二是钢化温度的控制。好的玻璃原片杂质极少，通透性好，不会有气泡、针孔、黑点、白点以及雾状感等瑕疵。此外，加热玻璃的钢化炉温度必须严格控制在680度至720度之间，这是最佳的钢化温度。若是温度高了，会降低玻璃的强度，使其易碎；而若是温度低了，则会使玻璃破碎时颗粒不均匀，甚至碎片很大很锋利，留下安全隐患。每批玻璃加工后，还要进行外观测试、抗冲击测试、耐热冲击测试，通过后才能被组装出厂。

经过多年的发展，朗斯的口碑越来越好，销量越来越高，工厂和店铺也越来越多，但唯一不变的就是对淋浴房的专注。有很多人不解，卫浴市场那么大，朗斯为什么不趁机多研发研发其他品类的产品，拓展一下公司的业务范围呢？事实上，正是因为朗斯对淋浴房的专注研发、不断精进，才能在这一品类走得更远，在同类产品中取得优势。

没有最好，只有更好。我们相信，朗斯现在对于淋浴房产品的研发还远没有达到极致。此时我们不应该分散力量，而应该集中注意力继续扩大优势。更何况我们要做的不是流水线产品，而是流程化标准化的定制品，努力满足顾客的定制要求也是在不断迎接挑战。

变化源于不变，专注带来深度。告诫各位创业者们，当我们在一个领域没有做精做强时，永远不要试图把手伸向其他产品，把精力分散之后只会降低品质，不会带来任何成效。如果能在一个领域做到极致，其实就是一种成功。

创业要有高瞻远瞩的眼光，也要有脚踏实地的态度。朗斯人追求极致的信念以及务实的作风，造就了朗斯如今的知名度和荣誉。顾客的认可、业界的赞誉，是创业最大的成功。

第四节

品质是企业的生命

2003年,国内爆发了非典,当时的我们才刚创业一年左右。长达八个月的非典疫情沉重打击了我国经济,内地经济的总损失额约为179亿美元,占同年GDP的1.3%。

筑梦者 ——智慧和独立的故事

在这样的经济寒冬里,做生意的人最先遭殃。我本来也已经做好了亏损的心理准备,下定决心无论如何也要坚持下去,赖活着等待生机的到来。谁想到这一年我们公司却完全没有受到任何冲击,销售情况好得让人难以置信。当年的那些订单对我们来说简直就像是天降横财,毕竟作为一个刚起步的创业公司,我们当时还不具备较强的抗风险能力,实在是太容易在那样的大环境中夭折了。

当时同行业的市场行情不是很好,各家企业的订单普遍不多,甚至还有一些小企业根本接不到订单;因此有同行听闻我们生意还行都十分惊讶。其实当时我也十分摸不着头脑,只觉得这或许是上天对我的眷顾。但现在回想起来,这可能和我们企业的定位有十分重要的关系。

2002年,我们企业开始起步,自己建厂,自己研发。打从一开始,我们的定位就很明确——追求高品质。为此,我们甚至不惜在法国建厂,耗费高昂的生产成本和运费,只为研发出更完美的产品,而这毫无疑问是一种冒险。

曾有人劝我从最基础的产品做起,在低端市场回笼资金，然后再慢慢提高质量，徐徐图之。但在我看来，如果开始就只以及格标准来要求自己，那么能得到的最好结果也不过略高于及格线罢了。相反，若是一直朝着满分方向去努力，结果则一定不会差。况且，市场上已经有那么多及格线上的产品了，再生产出类似的产品又有何意义，又能凭借什么优势和别人竞争呢？

要做，就要比别人做得更好，做出属于自己的风格和特色。秉承着这样的想法，我们选中了淋浴房这个小领域，开始专注钻研。我们对标的一直是欧美大牌卫浴产品，并坚信总有一天能够赶上甚至超越他们。就这样不知不觉间，我们的产品质量越做越好，依托着高端定制服务，在市场上也终于占据了自己的一席之地。

俗话说货比三家，我们从不怕客户比较，更不怕客户嫌质量不好。还记得一次我去店里，当时只有一名男性顾客，正背着手在店里看产品，而一旁的销售人员则紧张兮兮地死死盯着他，浑身紧绷。我瞧销售员脸色不对，便问她是不是出了什么事，只见销售员瞥了那位男顾客一眼，压低声音对我说："您看他这身板……这力气……"

筑梦者 ——智慧和独立的故事

成功从来不是一蹴而就的，
是历经千辛万苦，
不停地奔跑在路上，
拼着一口气到达终点才能换来的。

我大体估量了下，将近一米八的大高个，虽然挺着个小肚子，但也颇有几分虎背熊腰的样子。看这敦实的模样，力气想必也不小。

不过，这又如何呢？我刚疑惑不解地摇了摇脑袋，紧接着就听见销售哭丧着脸说："妈呀，他又干嘛来啦，这已经是第三趟了，不会是想来故意找事的吧……"听完这话，我也不禁紧张起来。

但事实证明我们的确是想多了。那位男顾客后来成了我们的老客户，他说自己当初走了北京七八个建材市场，一一比较下来，最后还是觉得我们家的产品品质最好。其实我们很多忠实客户就是这样慢慢积累下来的，一套房装完，接下来两套房三套房都认准我们的产品。就这样，我们的口碑越来越好，粉丝也越来越多。而随着订单的增长和收入的增加，我们对产品的研发也有了新的高度，这是一个良性循环。

还记得那时候有很多大咖都曾到我们那儿去买货，有政界领导，也有演艺明星。譬如大家都熟知的某位艺术家，他装第一套房时用的就是我们的产品，并且对产品品质和服务的反馈都很好。后来再装修其他房子的时候，他也都选择了我们的产品。

非典期间我们的不少订单都是来自之前的客人。这批不知不觉间积累下来的稳定客源，逐渐成为我们企业发展的基石，并且不断壮大。和市场上同类产品相比，我们找到了合适的品牌定位——高品质和私人定制，这使我们的产品有了明显的竞争优势，也让我们的企业靠着口碑吸引了一批产品受众。

同样是在非典期间，我听说有家专做山寨品的淋浴房公司倒闭了。那家公司我早有耳闻，只一味模仿大牌设计，没有自己的研发创作不说，甚至连模仿也是形未有其神的花架子功夫，更别说推三阻四的售后服务了。此前这家公司一直凭借低廉的价格和精湛的外观做"一锤子买卖"，最后口碑败坏完了，只能被市场踢出局。

这是市场的选择，更是消费者们的选择，对想要做企业的人来说，这样的案例足够引以为戒。

我相信，只要企业做好产品研发工作，保障产品质量，就一定能取得成功，因为最终大家看到的一定是你呈现出来的品质。企业要想长长久久地发展下去，就必须通过产品质量和消费者体验获得消费者的认可。

有好的产品不怕没有市场，而品质就是企业的生命。任何时候都要把品质放在企业发展的首位，这是一个企业的使命，更是企业的竞争力。与其花心思抓住客户，不如用心把品质提高，这个道理适用于任何行业。

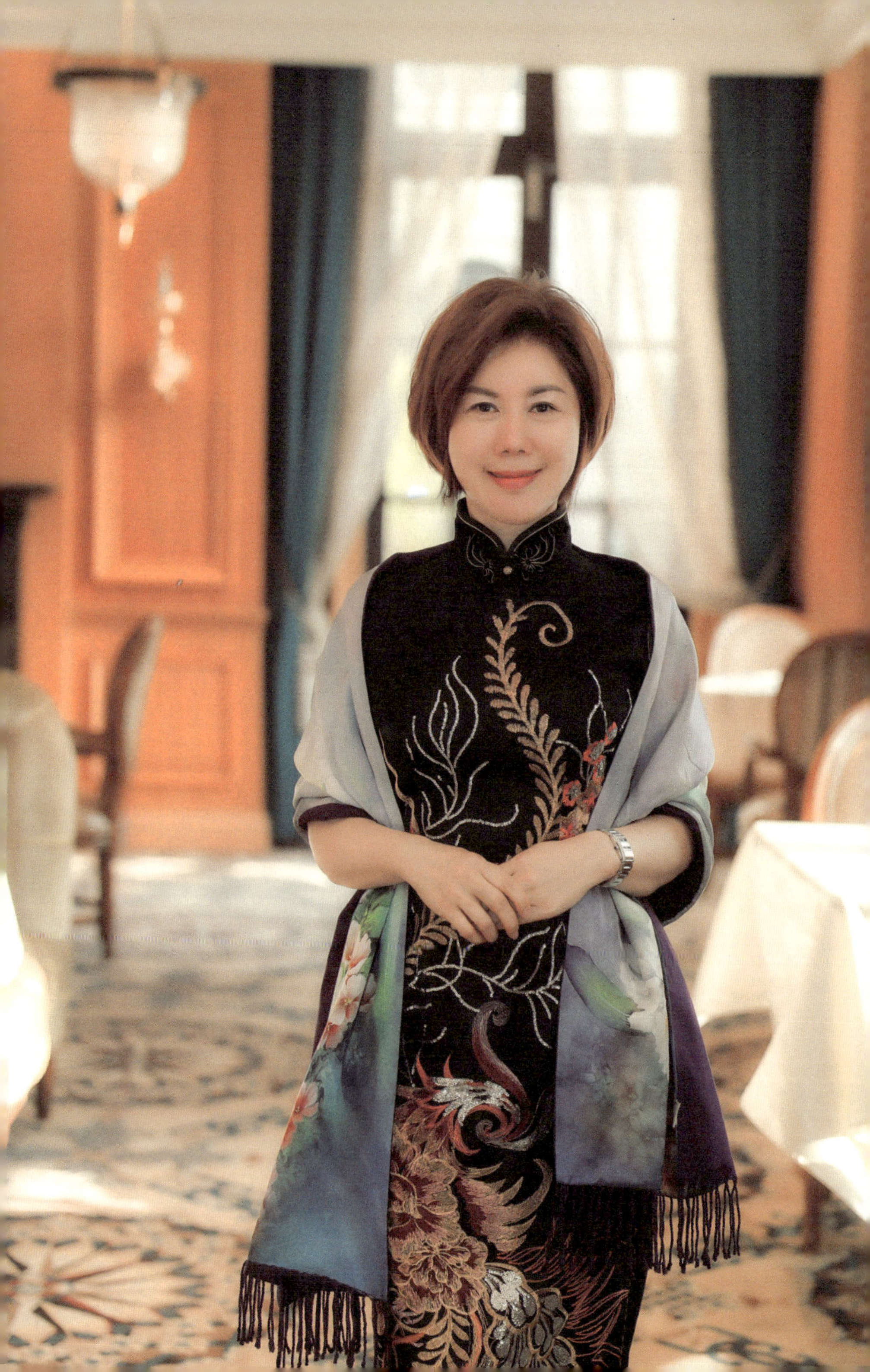

第三章

持家之道

第一节 01

以真心换真心

和先生结婚后,我们请了阿姨来帮忙照顾和处理家里的各种事情。这么多年过去了,我们请的阿姨却不多,一共就三个,因为每个阿姨在我们家都能待很久。

第三章 持家之道

第一个阿姨在我家待了近十年,至今还跟我们保持着联系,还时常会说起当年我们的好。能被人这样夸奖和惦记,我觉得很高兴。

她曾说过的最让我感动的一句话是"你们真的很孝顺"。为什么我会感动呢?因为她在我们家的近十年时间里,一直跟我们一起生活,大家基本每天都要见面,所以她算是最知道我真实生活状态的人。我很开心她能这么说,能够得到这样的评价,对我来说是最大的肯定。同样,我也相信我的所作所为,定然可以影响她自己对父母的孝道。

这个阿姨出身贫困,因为家里没钱,她早早便出来打工了。她曾在一家餐厅工作过,那位餐厅老板也是个很孝顺的人,但是她说即便这样,那老板和我们比起来,还是要逊色一大截。

她在我们家的那些年里,从来不觉得自己是个外人。因为我和先生每天回家都是面带笑容的,从不把工作中的情绪带回家里,对她更是没有说过一句重话。除此之外,我们每天回到家的第一句话便是"妈,我回来了"或"爹,

筑梦者 ——智慧和独立的故事

我回来了"。

说到这儿,我想给大家解释一下,因为我先生一直管他爸叫"爹",所以虽然我平时习惯叫"爸爸",但在家却跟着先生一起叫。这一点全被这个小阿姨看在眼里,她觉得非常难得和感动,因此对我们一家也非常敬重。她从十八岁一直到二十六七岁,始终在我们家,直到要嫁人了才离开。

也许是因为我们的孝顺让她感受到家里的爱,这种连带效应也延伸到生活中。她心中有爱连做饭都会带着爱,这其实也算是我们孝顺得来的福报。很多人在父母面前无拘无束,习惯了被父母宠爱着,甚至有些人说话还比较没有规矩,常常把在外面受的气和压力发泄在父母身上,在外人看来这就是不孝,也是对父母的不敬。

我们只有做到尊敬自己的父母,才可能换来别人的尊敬。

假如我们对阿姨、对司机没有关爱,而以雇主的态度对待他们,他们肯定也会以同样的态度对待我们。除了应该做的那份工作以外,肯定不会有额外的感情,而

第三章 持家之道

人与人之间最需要的就是情感的培养。

在这个阿姨临走时我对她说,如果有时间再来北京,一定要回家来,这里就是你的家。她听了很感动,对我说过很多次"蓉姐,我因为工作去过那么多家,却从来没有一家人能像您家这样,太有爱了"。

什么是爱呢?这不就是嘛。以真心换真心,以爱换一份真情。做人有时候真的不能太斤斤计较,也不能太求回报,因为你所做的一切别人都看在眼里,从而知道你是怎样的人。就像我们对父母的孝顺是发自真心的,并不是做给谁看,所以阿姨和司机才会觉得我们好,觉得我们孝顺,觉得这个家是有爱的家。

人生就这短短几十年,不要总把个人利益和得失看得太重,否则很难换来别人的真心。我先生也是这样,他对父母的孝顺甚至比我还细致。

在同小区里,我听过不少女人都抱怨过自己的老公,说他们平时除了赚钱养家以外,对自己和家里很多事都不管不问,甚至有个女人说连自己的母亲去世了她老公都没有问一句,冷漠得让人心寒。

筑梦者 ——智慧和独立的故事

我们应该如何待人?
以真心换真心,
以爱换一份真情。

第三章 持家之道

我听完感到非常不能理解，因为在我和先生的婚姻里从来没有遇到过这样的事情。我每次给父母钱，他都会说多给一些，虽然我觉得够了，但先生却说："你给老人十万八万，可能只够他们的日常生活，如果你多给他们几万，那他们就可以选择过好一点，不会计算着花钱，也不怕钱不够花了。"

先生也在影响着我，他对孝顺有更多的理解，完全是站在父母的角度去考虑问题。他从不会心疼我给自己父母钱，其实这也是将心比心，因为我对公公婆婆的好和孝顺他是看在眼里的，自然对我父母也同样孝顺。

因为孝顺，所以夫妻之间的关系、亲密度也慢慢提升，孝顺甚至还能改善人际关系、婆媳矛盾，以及各种生活中的问题。家里的第二个阿姨也曾说："蓉姐，我真的没有见过像你们家这样的，也没见过像您这样能和婆婆相处得这么好的人。"

其实我对婆婆的好是发自真心的，这种真心被外人看在眼里记在心里，他们逐渐也会知道我的为人处事风格，了解我的品性，从而更加信任我。家人是我们这一生最重要的人，我们有责任也有义务照顾他们，对他们好一些。

很多人总说自己跟老人没办法住在一起，家里请了阿姨也怕她们照顾不好，这都是自己的心理问题。因为从一开始他们就排斥和不信任别人，又怎么可能换来别人对他们的信任和爱呢？

不管是家里的公婆还是请的阿姨，只要我们做到以真心对待，他们也会回报我们这份真心。有些人觉得阿姨拿了钱做事是应该的，并且不懂得善待她们，那她们定然也不会怀揣着感激与爱来做事，即便做事也是只要做得差不多就好了。

所以只有真心才是无价之宝，真诚待人才是换取人心的最好方法。

在职场里也同样如此，有些人喜欢勾心斗角，有些人喜欢争名夺利，可到最后却什么都没有得到。要知道，留到最后的一定是脚踏实地、勤奋努力的人。

职场虽如战场，该拼的时候要拼，但该真心付出的时候一定要记得付出你的真心。因为只有这样，在你遇到困难的时候才会有人扶你一把，帮你走出困境。这也是我们一定要结交人脉的原因。

　　无论时代怎么变,都不要忘了自己的初心,也不要忘了最初想要追逐的梦想是什么。人往往越功利越容易迷失自我,越不能真心对待别人,更不用说换回真心了。

第二节 02

别把压力带回家

　　我和先生约定,只要一进家门就把所有的工作烦恼全部忘掉。不把工作带回家讨论,更不要把压力带回家。其实这样做的好处很多,既可以放松自己的心情,也可以让自己与家人和平相处,一起好好享受生活。

第三章 持家之道

我见过很多人,他们常常把工作带回家,有些人更是忙到连陪家人吃顿饭的时间都没有。但忙归忙,家里人还是最重要的。

歌里不是这样唱吗?"哪怕工作再忙也要常回家看看,陪陪爸妈。"

如果我们在家里也常常忙工作,家人只会觉得你没有时间,有什么事也不敢打扰你,甚至看你接电话他们都要小心翼翼。渐渐地,因为你没有时间陪伴家人,你跟家人的感情也会渐渐疏离,尤其是跟孩子的关系,可能也会变得很僵。

很多人发现青春期的孩子特别难管教,认为他们叛逆不听话,自己辛苦赚钱却换不来他们的感谢。其实这都是由于父母平时忙工作没有陪伴孩子,没有给他们营造家庭温馨的氛围造成的。

在我们家里做活的阿姨都会说:"蓉姐,从来没见过哪家的气氛有你们家这么好。"我和先生每天回家都是笑容满面,在家里我们也从来不发脾气。

难道我们就没有压力吗?肯定不是的。但我和先生

79

筑梦者 ——智慧和独立的故事

第三章 持家之道

都懂得不把压力带回家，因为带回家里也只会徒增家人的烦恼，他们又不知道我们工作上有什么事，何必给他们增加思想负担呢？

公司里有个员工，大学刚毕业没多久就来我们公司了。可能是由于年轻脾气大，不懂得控制自己的情绪，在和同事相处的时候还知道要收敛一些，但对家人就不一样了。

有一次我听到她跟家里人打电话，语气非常不耐烦，电话那头的人似乎话都没有讲完，她就直接挂断了电话，然后怒气冲冲地回到岗位上。

其实像这样的情况我遇到过几次，年轻人比较性急冲动，有点问题就跟家里人哭诉、抱怨，搞得好像家里人欠她什么似的。

后来我特意找这名员工了解情况，问她是不是跟家里人吵架了？她说是的。经过追问得知，那天她在工作上受了客户的气，结果妈妈又刚好打来电话问她有没有吃饭，北京天气要转凉了，让她好好照顾自己。她嫌妈妈太烦，每次打电话都啰啰嗦嗦讲一大堆没用的，最后

筑梦者 ——智慧和独立的故事

甚至生气地直接挂了电话。

其实我能理解这位母亲的一片苦心,"儿行千里母担忧",有哪个做母亲的不是这样呢?只是这个女孩子当时正在气头上,冲着无辜的妈妈发了好大的一通火。听到这儿,我开导她:"你这样说话,你妈妈肯定会很伤心,她也不知道你受了委屈,本来是好心好意关心你,结果你对她说话那么冲,你觉得她心里会怎么想?"

她听完后脸红了,对我说:"赵总,我当时真的没想那么多,就是感觉委屈,想着她是我的妈妈,习惯了。"

一句"习惯了",让我明白她肯定经常这样对自己的母亲。于是我又劝解她,以后如果再遇到这样的事可以先深呼吸,一定不要再对家里人发火。其实我们都清楚这个道理,但当时在气头上什么都听不进去,对父母的关心也觉得烦。而父母不知道这个情况,只知道被孩子说了一通,他们的心里是不是又急又担心呢?

如今几年过去了,这名员工现在已经成了公司的主管,她也经常给新员工培训,每次她都会跟他们说一句"别把压力带回家"。其实这是每个人都很容易走入的误区,尤其是做销售行业的人，经常会受客户的气或者遇到不顺心的事，于是回到家就想把这种情绪释放出来。

但是我想说的是，工作是自己选择的，生活的路也要自己走。父母生养我们一场，他们没有义务再为我们今后的人生承担后果。所以你既然选择了这份工作，就要把自己的情绪控制好，调整好心态去面对。

我和先生在创业期间同样经历过很多艰难，也曾跌落到低谷，但我们始终不把这些压力带回家，也不让家人跟着操心。而我们做的这些也被阿姨和很多人都看在眼里，他们佩服我们这份难得的心境，也跟着我们学习了很多。

我这个人天生大大咧咧的，属于性情中人，习惯有什么说什么。我认为工作是需要用尽全力去拼的，而生活则需要好好享受。所以我们没有必要把工作的压力带到生活里，因为这样既不能好好工作也不能好好生活。

这些年我和先生的感情一直很好，这有互相影响的原因，也有我们彼此懂得珍惜的原因。而我们的良好感情，同样给了两个儿子爱的成长环境，让他们不仅能把这份

筑梦者 ——智慧和独立的故事

家人于我们而言，
是世间最亲最近的人；
是陪伴我们一路成长，
见证我们成功的人。

爱延续，还让他们学会了孝顺、感恩和包容。

每当有人羡慕我们家的氛围和生活时，我不会给他们讲什么大道理，更不会劝他们要怎样忍让，怎样去为他人着想，而会说"永远别把你的压力带回家"。因为人的情绪会相互影响，家人受我们的压力影响也会产生很多负能量，这样家庭氛围就会变得压抑。

我们每个人都会有压力，但如果经常把工作和生活混在一起，既处理不好工作，也没办法和家人好好相处，这样便容易出现问题。家人于我们而言，是世间最亲最近的人；是陪伴我们一路成长，见证我们成功的人。

父母给予我们生命，养育我们成人，已经付出了很多心血，我们不该让他们再为我们的工作操心。

始终要记住，家人是家人，工作是工作，只有拎得清，你才能真正做个通透、明朗、未来有所成就的人。

第三节 03

处理婆媳关系的最佳方式

说起婆媳关系，想必很多人都深有感触，哪怕再优秀的女人都可能过不了婆媳矛盾这一关。其实这也很正常，毕竟我们跟婆婆年龄相差几十岁，无论成长经历还是生活方式都相差甚远。我也有跟婆婆意见不同的时候，但我却从来不会跟她正面冲突。

我生大儿子时,婆婆专门从家里过来帮助我。她对孩子的照顾特别细致,生怕他冻着、饿着,经常把孩子包得像个粽子一样。可事实上,北方的冬天虽然气温很低,但却冻不着,反而容易上火,因为不管去哪儿都有暖气。我身边的朋友给孩子穿的衣服都比较单薄。

可婆婆不管,如果我给孩子穿少了衣服她会阻止,并大喊:"哎呀,这么小的孩子你给穿那么少,冻着怎么办啊?"我给她解释这边的环境,可她根本不听,固执己见地认为孩子就是要从小包裹着。

后来我就由着她来,但等她不在的时候我会偷偷给孩子减两件衣服。或者每当她给孩子穿的时候,我就笑着说:"妈,够了够了,这边暖气足着呢。"

老人的观念和生活习惯不同,他们生长的地方可能条件不好,也没有像我们这样到处有暖气,可不就只能多穿衣服嘛。所以即便她说的不对,我也会笑着答应:"好呢,妈。"

这样做既尊重了老人又不影响自己的决定。其实很多老人都很通情达理,知道年轻人有年轻人的想法,只

筑梦者 ——智慧和独立的故事

用爱的心去想家人，
自然得到的也是爱！

要我们能尊重他们，反过来他们也会爱护我们。

我们小区有对在法院上班的姐妹，姐俩都很能干，也见了太多这种家长里短的事，替别人不知处理过多少纷争，可是轮到自己身上时，她们却仍然说："我可不愿意跟婆婆住一起，她实在太古板了。"

一位朋友曾问起我婆婆为人怎样，我回答说"挺好的"。其实很简单，因为我会换位思考。站在老人的角度去想问题时，你会发现老人真的没有恶意，他们就是单纯地为我们好而已。你怀着爱的心去想婆婆，自然得到的也是爱的结果。如果你非要跟婆婆较真，觉得她这不对那不对，那你得到的结果想必也不会好。

每个婆婆都不会心怀恶意，只是爱孩子的方式不同。就像我的婆婆以前长年生活在农村，冬天的时候，因为家里条件差，没有暖气，所以只有给孩子多穿点，这是老人表达爱的一种方式。而现在，即便我们的条件好了，无论在哪里都有暖气，可老人的习惯还是改变不了，所以才会因为观念的不同而产生矛盾。但如果我们能换种方式去处理，这些矛盾自然也就化解了。

筑梦者 ——智慧和独立的故事

说起来，我家最强势的并不是婆婆而是公公。公公年轻的时候在老家是个小领导，平日里对谁都习惯性地展现自己的"权威"。

记得有一回，家里约了人来给大儿子拍摄天文方面的视频，结果因为当时阿姨不在家，只好由我来招呼客人和做饭。

由于我很久没有进过厨房，做起饭也有些手生，速度就比较慢。快到中午时，公公从房间里走出来，看我还没准备好午饭，就冲我大声喊道："怎么这么慢，饭还没有做好？"但当时我却没有对公公生气，甚至还微笑着对公公说："好，马上就好。"来拍摄的人看到后都替我感到委屈，觉得公公脾气太大，还很霸道。

其中有个女孩子说："你看你忙来忙去一上午，又要给我们倒水，又要给家人做饭，你公公还这么说你，要是换作我肯定受不了。"

看她们不理解，我便解释说，其实公公是着急孩子下午还有课，希望快点做完，让孩子吃完饭，免得耽误了下午的课。他是一片好心，只是不太会表达。

听完我的解释,他们都说我性格真的太好了,换作是自己肯定不行。

在送拍摄人员离开时,其中一个姑娘还在说:"我以后才不要跟老人住一起,实在太麻烦了。"我笑着劝她:"其实你真的不能这么想,我们自己的父母是父母,伴侣的父母同样是父母。如果没有他们的滋养和爱护,也不会培养出优秀的伴侣给你。只要我们换个角度想问题,不要总是往坏去想,也就不会有坏的结果,自然也不必纠结。"

人生就是这样,换个角度来想问题,我们不仅能看到不一样的事物,就连所见的风景也会不一样,而我们的心境自然也会跟着变得与众不同。

所以不必纠结要不要跟老人住在一起,而要学会站在老人的角度思考问题。这样做,婆媳矛盾自然会减少,也就不必让另一半跟着操心。

其实想要家庭和谐美满,真的很简单。

一个有智慧的女人,要先学会如何处理好与家人的关系,才能学会处理与员工、朋友的社交关系。如果一

筑梦者 ——智慧和独立的故事

在海边和婆婆共享美好时光

个人连与家人的关系都处理不好,又怎么能经营好公司,怎么能拥有良好的人际关系呢?正因为如此,我现在对员工的态度也不像以前那样保持着距离,而是学会了与他们亲近。当跟他们越亲近时,就越能发现他们身上的闪光点和优点,有些员工做事甚至比我考虑得还要周全。

不过也有同行劝我注意点身份，觉得跟员工关系太近会掉价。可我却说："人没有高低贵贱之分，员工也是凭自己的劳动吃饭，没有什么低人一等的。"同样的，如果一个人很有钱，却跟父母感情不好，跟员工、朋友都不愿意亲近，那这样的人也是失败的。

不管自己有没有钱，伴侣的父母有没有钱，人都应该是平等的。所以既然我们选择了这个伴侣，就应该以同样的心去对待对方的父母，要学会换角度去考虑问题，不要总是跟老人对着干。

所谓的婆媳问题，大多都是由于理念不同、生活习惯不同、生长环境不同而产生的矛盾，只要我们能换个角度去思考，多站在老人的出发点想问题，自然也不会有那么多纠结的事情。多想想老人的好，想想他们的付出和心血，也就不会再有什么矛盾了。作为年轻人，多点儿忍让、宽容和豁达，自然可以让婆媳关系变得更好。

在婆媳问题面前，只要我们不较真，不去跟老人硬碰硬地讲道理，试图改变他们的生活方式和观念，老人也同样会尊重我们的生活，会知道在适当的时候退让。

筑梦者 ——智慧和独立的故事

因为人都是日久见人心,谁又会真的在意那些鸡毛蒜皮的小事呢?

第四节 04

父母的愿望其实很简单

我有今天的成就，离不开父母的栽培。虽说小时候家里曾经历一些变故，父母也曾倍受打击；但如今我能有这样的成就也是冥冥中的注定。如果没有儿时的经历，或许也不会有现在这样拥有坚韧、博爱、感恩品格的我。

筑梦者 ——智慧和独立的故事

对于父母来说,他们最大的愿望肯定是希望子女过得好,自己吃点苦受点累也无所谓。现在他们已不必再吃苦受罪,我已有能力去满足和实现他们的愿望,让他们过上自己想要的生活。

每年我会给父母一笔生活费,让他们去旅游,去吃想吃的,去玩想玩的。不过他们常常舍不得花,反过来劝我要吃好点,工作不要太辛苦,这是天下所有父母的特性。每当父母聊起往事,就会感叹当年的生活不易,说当年让我和妹妹吃了太多苦之类的话。不过我早已不在意那些艰难的生活,而是学会了向前看,因为我相信生活一定会越来越好的。

所以听到父母说这话时,我会反驳:"如果你们让我从小享受了荣华富贵,现在我未必会有这样的成就。"这些年我见过太多人由于家庭条件好而不思进取,只知道坐享其成。我反而很感恩父母让我早早学会了独立和面对生活的苦难。

有压力才会有动力,才会知道一直勇敢往上攀援而不是半途而废,不会总想着不劳而获。只有经历过风雨的树苗才会长得更茁壮、更高大，这是自然界的定律，人类社会也适用。

父母辛苦养育我们一场，定然是尽他们所能的。他们总是希望我们能过得不比别人差。虽然有时会事与愿违，但只要我们能好好地活着，他们自然也会感到开心。

我出生在农村，当时那个年代家家户户的条件都差不多，没有谁比谁好多少。而我们这一代人也基本都靠白手起家去打拼，因为有这样的经历，才让我更有同理心，能更好地回馈社会，把爱传递到社会各个角落。

我的父母看到自己的女儿有这样的成就，却从来不会跟我主动要求什么，更不会给我添什么麻烦。从来都是我和先生打电话主动问他们家里是否有什么缺的，或者由我们主动给他们报旅游团，带他们出去玩。而自从升级为妈妈之后，我也特别能理解作为父母的愿望。父母从不会对孩子有多少渴求，希望孩子回馈或者反哺自己，他们最大的愿望就是孩子能平安健康、生活幸福、家庭美满。

每当我回家看望父母，看着他们一天天老去，脸上

筑梦者 ——智慧和独立的故事

总希望时光可以慢一点,
能有多一点时间陪伴父母!

爬满皱纹，头上长满白发，我总希望时光可以慢一点，能让我有多一点时间陪伴他们。

人不是常说，子欲养而亲不待。我最怕的也是当我有时间可以多陪父母的时候，他们却不在了。所以每年不管有多忙，我和先生都会带着孩子回去看望他们，或者把他们接到北京来玩。

在这一点上，我和先生是很有默契和共识的。即便当初创业时日子不好过，我们对父母的孝顺也从来没有缺席。正因为如此，不管是我的父母还是先生的父母一直都夸我们好。其实能得到老人的一句认可，我们的事业、工作也会更顺利，我觉得这是一种因果关系。

因为我对父母好，所以也希望员工对家人好。

公司里有员工过年不能回家跟父母团聚，我会想办法把他们的家人接过来，或者花高价买机票让他们回家与家人团聚。

我的目的很简单，希望员工们不要留下遗憾，如果要尽孝就趁父母在的时候去做。

这辈子我们最不能亏欠的就是自己的父母，更不能对

筑梦者 ——智慧和独立的故事

父母有任何怨恨。所以当我听说有年轻女孩不愿意跟老人住的时候,我会尽力劝说希望她们明白这个道理:伴侣的父母也是我们的父母,他们辛苦一辈子把儿子养大,儿子成家后却不愿跟他们住一块儿,老人肯定也会心寒。

我有个同行朋友,他每天忙工作,经常好久不跟父母联系,每次打电话也是以太忙为借口聊两句就挂断了。有一回他出差,结果回家却发现自己的父亲因急病去世了,他连最后一面都没见上,当时他哭得不行,可再哭也没用,他的父亲回不来了。

父亲的去世对他的触动特别大,于是他决定把母亲接到身边照顾,哪怕再忙也要回家陪老人吃饭。现在休假的时候,他还会带母亲去旅游。

身为儿女要知父母心,报父母恩。

回报父母,也是在为自己积福报。因为我们也有儿女,我们也会有老去的那一天,孝是一代一代延续的。当我们老了之后,肯定也希望儿女多回家陪自己,只要能看到孩子们过得好,就是我们最大的满足。

我们中国人总是把孝道挂在嘴上,其实不只是要传播这种美德，更是要身体力行去做。

在古代有为父母守孝三年的说法，如今虽没有人再这样做，但孝道却是不能丢的。我在公司里一直推崇孝文化，专门开设培训班让员工学习和了解"孝文化"的意义，帮助他们解开与父母的心结，让他们有意识地去为父母做点事，去感恩父母的养育。

能看到他们与父母的感情变好，我很是欣慰。

说到这儿，我也希望在看这本书的人能够好好孝顺自己的父母。如果与父母有恩怨就尽早去化解，如果与他们有矛盾也要及时处理，如果与父母感情好也要继续维持。

希望所有人都能做到子欲养而亲还在，这也是我坚持传播孝文化的重要原因！

第五节 05

拥抱孩子，是爱的表述

　　自从有了孩子，我身上的软肋就越来越多。以前儿子小，我能经常陪着他时还不觉得。可等他们一点点长大离开我的怀抱后，我才越发觉得，人还是要经常表达爱，多拥抱孩子；否则等他们长大以后，这样的机会会越来越少。

不光对我的孩子，对我资助的留守儿童我同样是这个态度。其实拥抱孩子就是表达爱的一种最佳方式，比任何言语都要管用，也比你给他们任何物质都要温暖人心。

我一直坚持这种爱的表达，哪怕儿子长大了，但见到他们时我都会先拥抱一下。这种更能表达亲情的肢体语言，无论何时都能让我们的母子情感增进，不会因年龄、距离的原因削弱我对孩子的爱。

我热衷于公益事业，有时间也会带儿子一起参与，我们常常会去看望留守儿童和孤寡老人，会主动去拥抱他们。

第一次去看望留守儿童的时候，两个儿子都略带"嫌弃"，他们觉得这些孩子身上不干净，不愿意去拥抱。但我并没有在意，一去就拥抱了每个孩子，接着再让我儿子去拥抱，可能是看了我的做法后，有所触动，所以两个儿子也主动张开了双臂。

其实人是很需要拥抱的，当我们拥抱在一起的时候会感到温暖与爱，甚至可以治愈心灵。这就是我坚持要给我的孩子拥抱的原因。一开始我先生还觉得挺麻烦，

筑梦者 ——智慧和独立的故事

经常表达爱,
多拥抱孩子,
等他们长大以后,
这样的机会会越来越少。

但我告诉他，父母对孩子的拥抱是无可替代的良药，可以治愈一切，能够带给他们温暖和爱，让他们从小成为不缺爱、身心健全的孩子。

现在不管是跟父母，还是先生或儿子，我们之间的拥抱都已成为习惯的动作。我和先生出差时会拥抱他们，回来时也会拥抱，这也成为我们家的一种习惯。

自从有了孩子，我便非常珍惜与他们在一起的时光，会格外重视他们的情感表达，也害怕会因为我和先生工作忙而忽视对他们的陪伴。幸运的是，我的两个儿子无论是情感的表达还是对爱的看法，都拥有正确的观念。

我感到高兴的同时也在想，这应该有我对他们爱的表述和拥抱的功劳，让他们能得到关爱，拥有自信和安全感。

其实当孩子还很小的时候，父母就是他们的整个世界。他们还不能独立成长，也不能选择想要的生活时，就需要父母很多很多的爱与陪伴，让他们拥有安全感，让他们学会坚强、独立，能够勇敢地成长。

我对两个孩子的教育比较开明，从小到大都很关注

筑梦者 ——智慧和独立的故事

两个儿子在成长路上都很优秀，
一直都在努力成为自己想要的样子，
你们是我的骄傲！

他们的成长,也尊重他们的选择,从不会对他们加以无故的干涉或阻止。只要是他们喜欢的,就让他们去尝试,去体验和感受,在经历过之后,由他们自己选择要不要继续。所以孩子喜欢天文,我也会鼓励他们去学习。

让我很骄傲的是两个儿子在成长路上都很优秀,一直都在努力成为自己想要的样子。他们现在也特别会表达爱,不管去哪儿都会打电话报平安,说:"妈妈,我想你了。"其实父母都是想念孩子的,也惦记他们,可从孩子嘴里说出想我们的时候,那种感觉是完全不一样的。

在我们公司里有不少员工曾经是留守儿童,我有时候会问他们想不想自己的父母。男孩子很少会说想,女孩子的情感要细腻一些,所以很多人都会说想。其实哪有孩子不爱自己父母的呢?但他们为什么不愿意去表达出来呢?是因为当他们需要爱和陪伴的时候,父母没有给他们足够的爱,不能陪在他们身边,才导致这些孩子变成留守儿童,成为不会表达爱的人。

正因为不会表达爱,在他们未来的人生中不管是人际交往还是跟伴侣相处,都容易出现自私、冷漠,甚至没有温度的情况。关于这一点，我希望已经为人父母者要多拥抱你的孩子，教会他去表达爱。

我和先生工作都很忙，出差是家常便饭。但在儿子很小的时候我们就约定，不管是再忙再大的事，总要有一个人留在家里陪孩子。其实公司发展这么多年，我和先生一直亲力亲为，很多事不是信不过员工，而是作为领导必须要起好带头作用。如果自己都三天两头不去公司在家看孩子的话，那员工又怎么会尽心工作呢？

所以我们在工作的时候会全身心地投入，以最好的状态完成各项工作；而当我们回到家里后，就会把所有的工作都先放下，全心全意地陪孩子，跟他们一起做游戏、看书、写字、讲故事。无论我是去做公益，是回家看望父母，还是出国旅行，我都会带着他们一起去。这样不仅可以增加他们的见闻，还可以增加我们在一起相处的时间。

很多人到了中年事业有成的时候会感叹，自己的孩子不听话、叛逆等，可这又怪谁呢？在孩子需要父母的时候没有陪伴，等孩子长大了再来感叹又有什么用呢？如果能做到再忙也要回家给孩子一个拥抱，那对他们来说真的是童年最幸福的时光,而他们长大后也同样会继续把这种爱传递、回馈给父母、爱人及自己的孩子。

我们如果希望孩子爱自己,就要从小培养他们爱人的能力。拥抱是最没有成本的投入,但却是最有价值的教育。我们不仅要拥抱自己的孩子,也同样要拥抱其他有需要的人,给他们力量和安慰,让他们充满勇气和力量。

在这个世界真正能触动人心的教育就是爱,真正能影响孩子一辈子的教育也是爱;而父母作为孩子的第一任老师,要以身作则,坚持用爱去好好培养孩子。沉浸在爱的环境下的孩子,长大成人之后一定会成为善于表达爱的人。

如果你能给孩子优越的物质条件,却吝啬给孩子一个拥抱,那他们心里依旧会觉得缺少些什么,依旧感受不到父母的爱。我们教给孩子爱的同时,也是让他们将来可以学会爱我们。

第六节 06

资助白血病员工

我们公司有个女孩,刚来几个月就被查出白血病。由于她家庭经济条件有限,基本没有能力负担自己的医疗费用,便决定回家休养。

虽说她来公司不久,却也跟我们有了感情,大家都不希望看着她回家等待生命结束。于是公司几个高层开始自发捐款。但白血病的治疗费用很高,光是靠几个高层的捐款是远远不够的,因此员工们也开始加入进来,积极捐款。

为了让她父母更好地照顾她,公司把员工宿舍腾出来给她父母住,并报销一切费用。为了挽救她的生命,我们尽力为她筹集更多的善款,确保她可以得到更好的治疗。

遗憾的是,她的病最终仍没有得到治愈。

一段时间的化疗后,女孩的病情恶化,她的父母还是决定把她带回家里休养。尽管如此,我们仍然没有放弃最后的努力,公司连医疗保险也一直给她交着,就是希望她有一天能好起来,可以继续回到单位工作。

那段时间,公司全体员工上上下下都在为这个女孩担忧,替她祈祷,希望她可以早日康复。毕竟她才22岁,还是一条年轻鲜活的生命,如果她真的离开人世,对她的家庭来说也是很大的打击。

只是上天似乎并没有因此而眷顾她,最终还是带走了她。

在她离世之后,还留下了一笔捐款没有花。财务找到我,问我这笔钱要怎么处理,经过思考,我决定将这笔钱留给女孩的父母。

我想的是她的父母已经受到了这么大的创伤,我们也应该力所能及地让她父母可以平稳度过这个阶段。白发人送黑发人的那种痛,并非一般人所能承受。当我们把后来每个月发的钱和筹集的款都送到女孩父母的手里时,她的父母感动得泪流满面,连声说"谢谢"。

不过我们也只能做到这样了,往后余生还希望他们可以坚强地活下去。

在对待员工的问题上,我一向是毫无保留地付出和支持。因为我把员工当家人,跟他们有了感情就会想着要去帮助他们,解决他们的困难。我把人与人之间的缘分看成是上天的安排,既然我们这一辈子能够遇到,而我又刚好有能力去帮助他们,自然就该义不容辞地去做。

有人也会问我,你这样不遗余力地帮他们究竟图什么?我说我什么也不图,就图自己心安。如果看到这个白血病员工回家等死而我什么也不做,我会良心不安;如果我能帮助到她,哪怕最后没有挽回她的生命,我至少对得起自己的良心。

我的员工不仅是为公司创造效益的人,更是朋友、家人,不管怎样都值得我为他们付出。经过这次事情之后,我对员工们经常说:"趁着年轻,好好去做自己想做的事,不要等生命逝去再来感慨梦想没有完成。"

对我自己而言同样如此,生命就是财富,就是机会。有生命才能让我们有机会去创造一切可能,筑梦未来。在这个时代,梦想是很可贵的,而很多人还没有去完成自己的梦想就已经失去了生命,可惜又可叹。

所以,人只要能活着就是幸福的,活着才有机会可以更好地追梦。

我最大的梦想是,希望每个来到朗斯上班的员工都是带着梦想来的,在这里可以实现他们的梦想,也希望以后人们一提到朗斯,就会想到这是一家能够帮助员工实现梦想的民族企业。朗斯不仅要专注传播卫浴文化,更

筑梦者 ——智慧和独立的故事

要弘扬中华传统文化。我们要让朗斯大家庭的每个伙伴都变得越来越有爱心,赋予产品更丰富的内涵与灵魂,帮助每个用户圆梦,让他们也能拥有更美满幸福的人生。

因为有梦,所以我才一路坚持,即便疫情期间也忙碌着开启线上直播,拓展新的渠道。太阳只要升起一天,我们的梦想之心就要随之升腾,永不停息!永不放弃!这些年也经历过一些生死,本来是该看淡了生活的我,却从来没有放弃过对梦想的追求。只要人活着,就该继续前行,以优雅高贵的气质、以自己独特的魅力,永不止步。

以上生离死别的警示不知是否能够给予大家更多的启迪?接下来,让我们一起透过李开复的《向死而生》来洞悉人生的目标与生命的意义到底是什么。

与病魔抗争 17 个月后,李开复重获新生,将他自 2013 年 9 月得知罹患淋巴癌以来,在治疗过程中鲜为人知的故事和心路历程,以及从死亡线上回来后的人生思考,与读者分享。

曾被美国《时代周刊》评选为"影响世界百大人物"之一的天之骄子,在病床上也如同凡夫俗子一样,承受着病痛折磨而挣扎求生。

在佛光山星云大师问道:"开复,你的人生目标是什么?"我不假思索地回答:"'最大化影响力'、'世界因我不同'!"

筑梦者 ——智慧和独立的故事

星云大师笑而不语，沉吟片刻后说道："你要'世界因我不同'，这就太狂妄了！一个人如果老想着扩大自己的影响力，那其实是在追求名利啊！人生难得，压力是一切致病之源；面对疾病，正能量是最有效的药。病痛最喜欢的就是担心、悲哀、沮丧；病痛最怕的就是平和、自信，以及对它视若无睹。一心行善，尤其是发自本心地行善，珍惜、尊重周遭的一切，弘扬正能量，这些才是身心健康、祛病防病的法宝。"

为了追求更大的影响力，我像机器一样盲目地快速运转，我心中那只贪婪的野兽霸占了我的灵魂，各种堂而皇之的借口，遮蔽了心中的明灯，我长期睡不好、痛风、便秘、带状疱疹，最后把我逼到了生命的最底层；我的身体病了，其实我的心病得

第三章 持家之道

更严重！当我被迫将不停运转的机器停下来，不必再依赖咖啡提神，我的头脑才终于可以保持清醒，并清楚地看到追逐名利的人生是肤浅的。

珍贵的生命旅程，应该抱着初学者的心态，对世界保持儿童般的好奇心，好好体验人生；让自己每天都比前一天有进步、有成长，只要做事问心无愧、对人真诚平等，这就足够了。如果世界上每个人都能如此，世界就会更美好。我不再用量化的思维去计算每件事的"价值"和"意义"，生命太深奥了，很多看不见的价值与意义，会发生在我们看不见的细微之处。人生在世，重在加强自己内心的修为，能够做到不因世间的繁杂而心慌意乱，做到超然物外，努力寻求一份宁静、平和、淡雅。

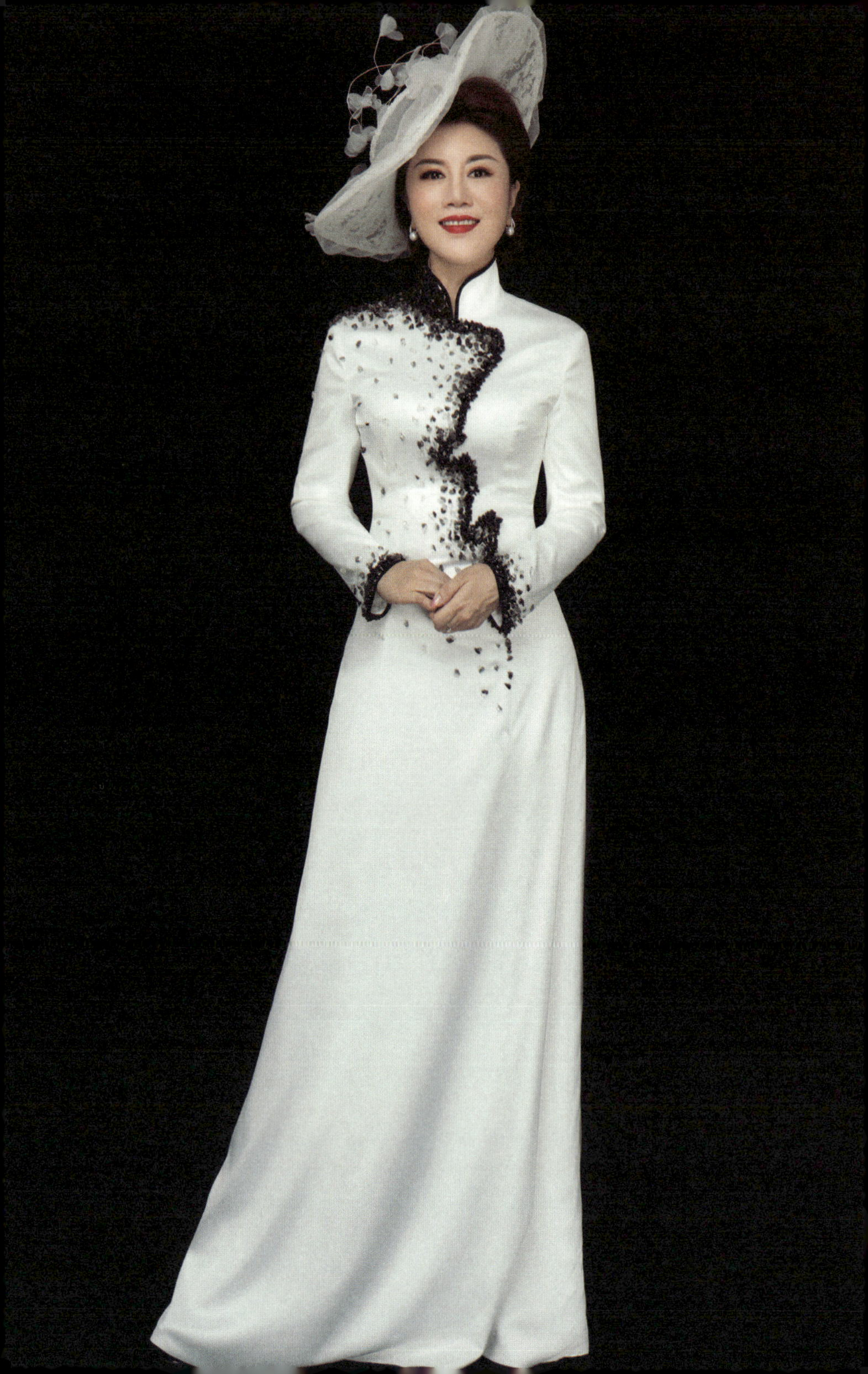

第四章

公司是个大家庭

第一节 01

你所做的,他们都能感受到

我一直觉得,虽然在公司的时候,领导和员工之间的直接接触比较少,但作为领导的你对待员工们究竟是好是坏、是真心是假意,他们还是能很敏感地感觉到的。你所做的每一件事,他们也都能记得住。

还记得有一次我在国外出差的时候，突然有一个员工从国内打电话给我。我刚一接电话，就听到电话那头问道："赵总在吗？"我当时回答说："我在国外，没关系，有什么事你和我说。"电话那头的员工却支支吾吾起来，虽然她嘴上说着"没什么特别的大事"，但我从她的语气中能听出来，她都快哭出来了。

我明白必定是出了什么急事，就催促她赶紧说，她这才道出原委。原来是她姐姐被车撞了，伤到了眼睛，虽然已经送到了当地医院急救，却被医生告知眼睛已经没救了，很可能会永久性失明。眼睛对一个人的重要性不言而喻。在听到医生的话之后，她变得六神无主，一方面担心姐姐的眼睛，一方面又苦于自己没有人脉关系，找不到人帮忙，情急之下，她只好给我打来电话试探性地向我求助。

说来也巧，我陕西老家有一个姐姐，正好在东直门中医院的眼科工作，她是业内的权威，还是北京特意邀来的博士生。听完员工的求助，我第一时间想到了她，安抚完员工后便立刻和她联系。等员工把病人的详细检查结果和病例发过来后,我便转给姐姐请她帮忙。

姐姐看完病人的资料后发现她所在的科不对症,无法医治;但她热心地帮忙联系了一个武汉专门治眼睛撞伤的眼科做手术。幸亏有她的帮助,这位员工的姐姐手术后恢复得非常好,基本跟正常人一样。

我生性洒脱,从不拘于人情礼节,此事办妥之后便没有再挂在心上。直到一年后,某天去上班时发现办公室里突然多了一堆土特产,问过之后才知道是那位姐姐眼睛受伤的员工送的。她说自己姐姐一年来恢复得很好,便拜托她特地送来家乡特产给我道谢。她姐姐十分淳朴,说知道我衣食无缺,自己没有什么东西可报答,这些时令蔬果虽不值几个钱,但却是她亲手精挑细选的家乡特产,还希望我不要嫌弃。

正所谓礼轻情意重,我自然不会嫌弃这一片情意。其实我在帮她们的时候从未想过回报,可在收到这些礼物时却又格外欢喜,因为这是帮助他人的结果。在与员工细聊后我又得知,她姐姐现在一切安好,平时总把我挂在嘴上,叫我"大恩人",我自问受不起这番感谢,心里却为能帮助他人而开心。

在很多人眼里亲疏有别,但对我来说员工全是我的亲人,并没有什么所谓的"别"。当我求助老家的姐姐时,毫不犹豫地说生病的是我亲戚,因为我下意识地把员工当作家人,也希望她在帮忙时可以更重视一些。

如今我常被员工说"善",这是最让我开心的事。有员工就曾经这样对我说:"赵总,我从没见到过比您更体贴员工的领导了。您虽然身在高位却从不摆领导架子。我们员工出了事,哪怕再小,只要和您说,您都愿意把资源调给我们用。我知道交情都是要积累的,可以说是用一次少一次,十分珍贵。但您为了能帮我们解决困难,从来都是尽心尽力,从不觉得浪费了交情,或是为员工开口跌了您的份儿。您真的是让我最钦佩的一个人。"

这些话对我而言是极高的评价。其实在我心里,并没有感到什么浪费交情和跌份儿,每次能帮助到员工我都会由衷地高兴。

所谓"赠人玫瑰,手有余香",有时候一个简单的动作,可能真的能救人于水火。我既然比他们早来北京几年,

筑梦者 ——智慧和独立的故事

积累的经验、人脉、关系都比他们要多,能多帮助他们一些也可以让他们提升快一点,同时让他们的家人跟着过得好一些。从始至终,我都是以这样的心态和员工相处。

这一路走来我经历过许多事情,有风雨,也有彩虹。知道在遇到困难时,我们往往只差那"一口气",只要有人愿意在你身后轻轻推上那么一把,就能轻易解决问题。正因为我经历过无人帮扶的迷茫,才对员工无处求助时的心境感同身受。也正因如此,我才会不计得失地去帮助别人,虽只是举手之劳,但对需要帮助的人来说却是莫大的助力。

当一个人有能力时就该把这种能量释放出来,去帮助有需要的人们。帮助他人是一种幸福,能得到帮助也是一种幸福。我喜欢尽自己的努力去帮助别人,因为这是一种积极向上的力量;我更喜欢看到被人帮助后的他们愁眉舒展,这让我觉得自己的努力是有价值的,是值得的。

员工们愿意向我开口求助,也代表他们对我的一种信任和认可。如果公司员工们完全不信任我这个领导,

第四章 公司是个大家庭

朗斯成立十周年年会入会现场

也不敢随便开口。我想这跟我平时的言行举止也有关，他们看在眼里，清楚我是怎样的人，知道他们的求助我都会答应。

有些人想方设法增强团队凝聚力，拉拢人心，殊不知最重要的是将心比心。人之所以比动物高级，不仅在于思想和智慧，更多的是人性。在公司里，员工对领导的态度取决于领导平时对他们的态度——以心换心。

因为你所做的，他们都能感受得到。

做企业最重要的就是用人，没有人自己再怎么厉害也不可能撑起一个公司。对于企业本身而言不仅要有企业文化，更要有企业的精神理念，领导以身作则，关怀员工，才能真正赢得员工的心。

第二节 02

留住员工的秘诀

有许多老员工从公司成立起便跟随着我们，算起来已经待了十七八年时间。可以说，他们见证了公司一路的成长，也见证了我的成长。我也一直很感激这些老员工们对我和公司的信任。

筑梦者 ——智慧和独立的故事

年会活动现场

公司每年的年会上都有个惯例,员工们要上台分享自己的工作经历。以往上台分享的都是有经验的老员工,很少有新员工主动分享。但这次年会,一个新员工的分享却让我十分感动。

她说:"我是才来公司三个月不到的新人,也许我

第四章 公司是个大家庭

还没有资格站在这里分享经验,所以我只想跟大家说说我的感受。我进公司这三个月时间做了一个很重大的决定,只要公司不开除我,我就要永远待下去。"这句话让我特别感动,也让我特别高兴,因为她证明了公司的价值和信任感。

通过她的分享我了解到她曾经是个留守儿童,经朋友介绍才到我们公司工作,在进公司前她曾在其他公司工作了两年多,但一进我们公司就让她感到关怀备至,有种回家的感觉。她还提到我们年前做的线上销售活动,当时我们推出了"万店计划",这是一种全新的销售模式,为的是让更多人可以实现开店创业的可能。

公司在推出这个计划时,从没想到会先感动了自己的员工。那个女孩就对这个计划很有感触,表示自己作为从农村出来的孩子,从来不敢想有一天可以开店创业,但公司满足了她的这个愿望,也让千千万万像她一样的女孩子有了可以踏出创业第一步的可能。

说到动情之处,她竟哭着说:"我曾是一个留守儿童,从小吃过很多苦,受过很多罪,在大城市里无依无靠。

筑梦者 ——智慧和独立的故事

公司发展要靠人脉，
但不光是与合作伙伴的关系，
更是与员工之间的关系。

自从进了朗斯店后,我第一次体会到家人般的关怀和友爱,每个人都会去替他人着想,公司也一直为员工考虑。"

我是第一次听员工主动说自己的身世,虽然我一直知道公司里有很多员工曾是留守儿童,也非常关注这群特殊员工,会莫名地心疼他们,可当听到她说出这番话时仍然忍不住被感动。当女孩说完下台后,我第一时间走上前去拥抱她,给她力量和鼓励,希望她能感受到更多的爱与温暖。

留守儿童是这个社会中缺乏关爱的群体,他们自小就缺少父母的陪伴。我告诉这个女孩:"以后我就是爱你的大姐姐,你有什么困难可以直接跟我讲。"

她也很激动,再次说道:"我说的这些话虽不是什么华丽语言,但每句话都是我的心里话。我来到朗斯,就只有一个信念,只要你们不辞退我,我就永远待下去,因为这里太有爱,太温暖了。"

时隔几个月,这句话依旧深深地印在我的脑海中。创业十几年,我见过形形色色的人,也与不少人有过虚与委蛇,却被她朴实的话所打动。所以我觉得,这些年

筑梦者 ——智慧和独立的故事

我一直所坚持的公司管理法是对的。哪怕不少人认为我这样做太不像个老板，完全没有架子，失了身份；可却没有人能有我这般深刻的体会，得到员工如此的感恩。

每年不少来参加我们公司年会的朋友都会不由自主地感叹："你们的员工怎么能一待就是十几年呢？"听到这样的疑问，我总是会回答他们："因为我一直把员工当家人，互相扶持，共同成长。"

正因为把员工当家人，所以在制定每个制度、做每个决策时，我都会主动从关怀员工的角度思考和出发，营造出公司里有爱的温暖氛围。我一直深信，把员工当成朋友、家人，才可能换来他们的真心付出，让他们为公司尽心尽力，不愿离开。

所谓留住员工的秘诀，不过是以真心换真情。现在很多人大谈职场之道，无非是教大家如何投机取巧赢得老板信任。可是在我这里，我没有把员工当外人，自然他们也不会在我面前哗众取宠，从来都是脚踏实地，实事求是。

与其迷信所谓的公司经营之道，不如抛开所有职场规则，拉近与员工之间的距离。从前人们征战领土都懂得"得民心者得天下"这个道理，如今创业经营公司更该把这个古训作为发展之道。

公司发展要靠人脉，但不光是与合作伙伴的关系，更是与员工之间的关系。有些老板喜欢压榨员工，剥削员工的利益，但这样的公司真的能留住人吗？不过是徒有虚表而已。对于员工来说，这个时代是自由发展的时代，公司可以决定员工去留，却绝不能失去每一位忠心能干的好员工。换言之，身为员工若愿意勤劳苦干，为公司奉献付出，老板自然会看得见你的劳动，更不会亏待每个努力奋斗的人。

第三节

信任是得人心的妙方

一个公司的发展，靠的是稳定的基业、扎实的企业实力，当然也要有员工死心塌地的跟随。做企业的人都知道，带新人永远不如用老人好。哪怕新人再优秀，可和优秀的老员工相比，所能带给公司的价值是不一样的。幸运的是，在我们公司有太多这样忠诚的老员工，甚至有人已经在公司里待了十六年。

要知道，我们公司总共才成立十八年，而有位员工就已经在我们公司干了十六年了。这件事若不是她那次主动站出来分享，我可能都还不知道。这位老员工在分享自己这些年在朗斯的经历时，提起了一件事，引得全场人纷纷落泪。她在台上对着我说："赵总您知道吗？我在朗斯上班最大的感受就是，每次您和向总（我先生姓向）都待我们和蔼可亲，像家人一般。"

这些年来有很多同行挖过她，给她更高的工资让她辞职跳槽，然而她都一一拒绝了。她说："朗斯是个有爱有温度的家庭，在这里我感到舒服自在，以及被重视。如果因为工资高就离开，我想我永远无法在别的地方感受到这种爱。因为没有哪家公司会一边发着员工工资，还一边对员工如此爱护；所以我哪儿也不去，就待在这里。"

而最让她感动的一件事，是多年前她买房时向公司借了五万块钱。当时由于家里条件有限，她跟先生把能借的亲戚朋友都借了一遍，可是还是差点儿。迫于无奈，她想到找公司求助，其实她也并没想过能借钱成功，加

筑梦者 ——智慧和独立的故事

年会颁奖仪式

优秀员工颁奖仪式

上自己还只是个普通员工。可她一开口我想都没想就答应了，立马让财务给她预支了五万块钱。

她说，自己当时都惊呆了，完全没想到借钱会这样顺利。借完钱，我还问了一句："五万块钱够不够？"大概就是这随口一问，让她整个人都懵了。其实这也很正常，每个人都会遇到困难，就像我前面说的一样，当你在最绝望的时候有人愿意帮你一把，这就是意外之喜。没有过被几万块钱逼上绝路的人，是永远也无法体会这种感受的。

回家之后，她和先生也一直不敢相信这是真的，直到几天后公司把钱打到她的账户，她看到存折上的数字才终于敢相信这是真的了。"当时借钱时，你们没有了解我的身份，不知道我会在公司待多久。我甚至自己都想过，万一哪天就带着钱跑了呢？或者只工作一两年就走，这笔钱不是就不用还给公司了？公司对我如此信任，我有什么理由不好好为公司效力？"说到最后，她还开起了玩笑。

其实，五万块钱对她来说确实是一笔不少的钱；而对于十几年前的公司来说,也不算小数目。只是在我眼里,能帮她解决到问题才是最重要的。公司花五万块钱解决了她的大事,让她买了属于自己的房,可以在北京有一席之地,这就是公司对员工给予的信任。

公司信任员工,员工自然也会信任公司,这是一个相互的关系。做企业的人,这点胸襟都没有又怎么能给企业上上下下几千名员工保障呢?公司愿意为员工提供帮助,这是一份责任。员工就像自己的孩子,他们为公司辛苦工作,创造效益和价值,这本身就是相互成就的事。

也许不少企业对员工总是一板一眼,规章制度严格,员工付出一分便收获一分,没有付出便没有收获。我不能说这样做有什么错,但我想,这样的公司将很难获得员工的信任。因为员工跟公司之间也仅是利益关系,哪天不存在这种利益了,员工自然也就不愿意再多待一分钟。

我和先生做企业,最大的原则就是用人不疑,疑人不用。既然用了,就要相信他们,不仅是相信他们有为企业创造价值的可能,更相信他们有能力还钱。只要在朗斯工作的员工,都会得到我们的这份信任。有句话说

第四章 公司是个大家庭

年会聚餐

的好,如果你总是想着回报,可能很难实现,但若你只是想着先付出而不管收获多少,生活总不会亏待你。

我是个特别容易相信别人的人,也有不少人劝过我不要这样,容易吃亏和被骗。因为有人可能就会利用这

139

点来骗取我的信任，但只要我自觉问心无愧，不管结果如何都能坦然面对。人生本就有得有失，我相信这个世界总是善良的人更多，我也坚定不移地做真实的自己，追逐自己的真心。

人们都说生意场上有太多的尔虞我诈，勾心斗角。我却想说，无论是在公司里还是跟合作伙伴间的相处，我都只遵循信任这个原则。人与人之间若连基本的信任都没有，那还谈什么企业发展、公司管理？

身为老板，一般都要有常人所没有的格局，而这些格局的形成也无非就是信任。建立良好的信任关系和基础，才能把公司发展强大，让员工关系更紧密，齐心协力为公司谋发展。就像借钱，虽只是一件很小的事，却体现出我的慷慨大方，换来员工踏实工作十六年，是我的收获，何乐而不为呢？

很多同行曾向我讨教怎么得人心？我说最重要的就是信任。这就好比很多人看着别人成功去问怎样成功一样，除了努力没有别的捷径。人心是这个世界上最难测的，公司如果失了人心就等于失去了发展的可能，更别说与其他企业竞争了。

在这个时代，有很多线上课程和书本都在教大家管理团队。但对于如何发展公司，其实我想说，学再多都只是皮毛，理论那一套谁都会，而真正能做到无条件相信自己员工的又有多少？可能也有人说，对员工这么好不怕他们不努力吗？

我想说，既然你都相信他们了，还不信任他们的能力吗？我从来不会对员工提苛刻的要求，都是放权让他们去发展，当然他们也敢于负责。这不仅能激发员工工作的积极性，更能使公司进入良性运转。

第四节 04

因为我们是一家人

有首歌在很多公司都被传唱,里面有这样一句歌词:"因为我们是一家人,相亲相爱的一家人。"公司把这首歌唱出来是为了激励员工,好让员工踏实为公司工作。然而,光靠唱歌就能让员工感受到家的温暖吗?

第四章 公司是个大家庭

与家人的关系,不一定是靠金钱来维持,更多的是真情实感,所以与员工之间我也一直保持着"情"的关系。为什么我一直在强调我和员工们都相处得像家人一般呢?因为我就是这样做的。

还记得有一次,我出国旅游,走在国外的小镇上,看见小镇上勤勉工作着的人们,情不自禁地想起我的公司,想起公司里的员工们,心想:不知道他们现在正在做些什么呢?后来我执意买了许多手工艺品,作为礼物给员工们带回去。当时同行的有几个做企业的朋友,他们见状都笑我,说连出来玩都放不下公司和那群员工。

的确是这样,因为在我心里已经有了这样的惯性,无论到了哪儿我都会惦记着员工,这不正像家人惦记我们一样吗?

在我们公司还有个独特的企业文化,那就是孝道。每年我都会在公司开办相关课程,教导员工如何孝顺父母。此外,公司每年还会奖励优秀员工的父母,到三亚或北京包吃包住免费游玩。

这种孝文化让我觉得,公司更像一个大家族,上下

筑梦者——智慧和独立的故事

都是一家人。

公司里有个工龄十年的员工小郑，如今的他已进入公司的管理层。前年我们做年会，我打算把小郑的父母接过来，最开始跟他商量时他不同意。他主要有两个顾虑：第一是他父母生活在农村，怕他们来到北京不习惯，会尴尬；第二是担心自己作为管理层，被同事看到自己的父母会让他没有面子。

数次协商无果后，我干脆跟人事说："你不用管他，反正招呼已经打了，公司也报销车费食宿所有开支，直接把他们接过来就行。"以至于他并不知道他的父母会在年会当天出现。结果当他的父母出现在年会上的那一刻，他整个人都傻了，在原地愣了许久才哭着去和他爸爸拥抱。后来他告诉我，身为农村出来的孩子，他从小到大都没有和父母拥抱过，直到年会那天，他才真正懂得父母的怀抱是什么滋味。

这名员工还有个弟弟也在我们公司工作，当时他在台上和爸爸拥抱的时候，弟弟和妈妈两人在台下都哭得稀里哗啦的。后来弟弟跟我讲，哥哥从小就很淘气，一

第四章　公司是个大家庭

天到晚只会打架惹祸。从前在家里时，哥哥一直不被爸妈看好。没想到现在他不仅成了公司的管理者，还能把爸妈接过来一起参加年会。他看到哥哥在台上发言时意气风发的样子，由衷地为哥哥开心。尤其是看到哥哥能游刃有余地安排节目，做事井井有条后，一家人都为他感到高兴。谁都没想到小时候那么淘气的人，现在竟然会这么有出息，如今的爸妈都为能有这么出色的儿子感到骄傲。

最后他弟弟还说："赵总，您知道吗？我爸妈没见过什么大世面，也没见过这么大的场面。那天当我爸和我哥拥抱的时候，我妈可激动了，她还叫我在台下拿出手机给他们拍照，说要发给家里人看看，还叮嘱我要把照片保存好，说这机会太难得了。我想，也许对他们来说，这辈子可能也就这一次出彩的机会，她是打心里想要好好珍惜。"

后来小郑跟我回忆时说，当时他拥抱父亲的时候，他的双手都在发抖，他爸爸回家后更是兴奋了好长时间。我打趣地问他："当初你不是怎么也不愿意接他们过来吗，

145

筑梦者 ——智慧和独立的故事

现在怎么不这样说了？"他不好意思地咧嘴笑了，说以前给他们钱好像都没有这次让他们来这么开心。

天下的父母都一样，喜欢向外展示自己孩子的优秀和成长，因为这也是他们在享受自己培养的孩子所带来的荣誉感。孩子变得优秀有出息固然重要，对父母而言，亲自参与和见证才是最重要的，因为这会使他们看到希望，看着自己的孩子有出息他们也会跟着荣幸。

我相信这次参加儿子年会的经历，会让这对父母记一辈子。这样一来，父母的心情变得愉悦，心气通顺，就是生了病怕是也能一下子变好。因为很多人的病也是心结所致，没有心结，心情畅快，病自然会变好。

年会过后，员工们的积极性变得更高了。尤其是小郑，在工作上真正地"加倍努力"了。这件事深深触动了我，我立马开会决定，以后公司不管有多困难，也要坚持每年组织优秀员工的父母去丽江、三亚或北京免费游玩，全程由公司包吃包住。我希望公司优秀员工的父母都能为孩子骄傲，让他们可以来大城市里感受一下，真正享享儿女的清福，开心度过晚年。能让父母开心，对子女而言是一种责任，对公司来说，能让员工和他们的父母开心、享福，同样也是一种责任。

一直到现在，我们公司每年都会坚持把优秀员工的父母接过来，让他们问问自己的父母，这一辈子有哪些没有完成的梦想。如果有，我们朗斯帮他们去实现，因为父母的梦想该由孩子去完成，这叫孝。而孝文化，正是我们最重视的企业文化之一。

最近有人问我为什么还要这么操劳？的确，对现在的我而言早已实现了人生目标，做不做企业都无所谓了。可我不仅是一个人，在我身后还有许多员工，他们有的跟了我三年五年，有的甚至十年以上；而他们的梦想还没完成，他们的家人父母还得依靠他们，他们要去完成父母的梦想和使命。

我选择继续做企业，也是为了成就公司员工们的梦想。我想让我的员工也能过上自己想要的生活，去实现父母的梦想。这些看似遥不可及，但人生于我而言就是不断挑战的过程，所以只要有信念就有实现的可能。

因为我们是一家人，我愿意去为家人努力，扶他们一把，带他们走向成功。独乐乐不如众乐乐，有时候大家一起成长、一起成功才是最大的乐趣，这也是我的人生信条。当然我也一直在朝这个目标努力。

第五节 05

为员工圆梦，找到人生规划

公司里的员工形形色色，有的员工小时候是留守儿童，也有的员工从小家庭条件不错，因此我也发现一个问题，家庭条件不是那么好的员工总能快速找到目标，做好人生规划；而家庭条件好的员工往往漫无目的，不知自己该做什么，没有梦想和奋斗目标。

筑梦者 ——智慧和独立的故事

公司里有个男生，当我问起他的人生规划时他竟理直气壮地说："没啥计划，反正我有父母养着。"听到这话，我只能忍不住叹气！人与人的差距，与家庭环境、教育、个人素养真的有很大关系。

我们公司素来有给员工定期开展心理培训、励志洗礼的习惯。去年，我决定给店长级别的员工们培训几天，教教大家怎么做事做人、怎么孝顺父母，也就是宣扬孝文化，总共培训五天时间。到了最后一天，我让大家总结一下这几天的学习体会，依次发言。轮到这个男生发言时我问他："这么些年你都被父母宠着养着，你现在多大了？"他回答二十多了，我接着问："那你有没有想过要回馈父母点什么？"

他愣住了，半晌，才摇了摇头说："之前没想过，从没考虑过这个问题。"

"那你有没有想过，如果哪天父母突然生病了，而你却拿不出钱来，怎么办？所以现在你是不是该开始有规划？不能让父母一直养着你，他们总归要老、要生病，等到那个时候你就是他们唯一的依靠。"

那天的谈话让他受到很大触动。事后他说以前只觉得这一切都是理所应当,认为"我父母养我是应该的,像我这么大岁数的孩子不都是父母在养嘛……"但当他认真思考我提的问题后,才意识到自己思想认知的错误。他还专门向我道谢,说:"自从来到公司后我觉得自己成长了很多。以前没意识到自己有这个责任,总感觉自己还小,父母应该养我。但自从被您一问,我就不自觉地有了紧迫感,想想我父母已经快六十了,我也确实应该给他们做些事儿了。"

看,他已经在开窍了!

见他这样,我也替他高兴,继续开解道:"所以现在要在每次回家的时候,都让父母意识到有你真好、你是他们的骄傲。不要因为他们养你就认为这是应该的,你要把这种想法丢掉,要懂得中国的孝道。"

谁知课程结束后,他便郑重其事地对我说:"蓉姐,我以前真没想过要给家里去做些什么,没想过有一天父母也会老。我在公司待了一年多,最近才突然感觉到自己身上的压力变大了。我想开始为我父母去做些什么,

筑梦者——智慧和独立的故事

我要去孝顺他们。他们虽然老了，但肯定也会有自己的想法，想去旅行或去外面看看，我一定找时间陪他们去。"我趁机继续敲打他："那你想要回馈父母是不是得下定决心，今年起在公司好好工作？"他郑重地点了点头。

为员工筑梦，帮他们做好人生规划，成为他们的引路人，这是最让我开心的事。我希望所有的员工不光能在公司赚到钱，还能在公司里得到成长，学会感恩，感恩父母，感恩生活，因为这样他们才能变得更好。

其实每个人都有自己的闪光点，在我心里人不分高低，更不会跟员工区分上下属阶层，有缘就该相互珍惜。在我看来，每个员工都很优秀，只是缺少人去指引和点燃他们的想法。我想做的就是去激励和指引他们，因为我自己就是这样一步步通过努力奋斗出来的，所以我也希望员工能找到自己的人生目标，并认真地一步一步完成。

去年我在公司开课时曾跟员工们说过这样一句话："你们虽然是在公司工作，但我不仅想让你们在这里工作，还想让你们能在这里得到提升，学习到东西。做销售的不光要卖出产品，还要提高自己的修养、涵养，以及人

第四章 公司是个大家庭

年会节目

筑梦者 ——智慧和独立的故事

文方面的知识与经验！"

听完我的话，员工们也纷纷分享起自己的故事，其中有个女孩的故事让我印象最为深刻。她说自己原来上学时学习成绩非常好，家里有姐妹两个，她爸爸靠着自己的人脉关系，把家里的生意打理得风生水起。

然而天有不测风云，就在她上大学的前一年，爸爸的公司突然面临负债，最终宣告破产了。她虽考上了大学，家中却因经济拮据只能供一个孩子继续上学。在她不知情的情况下，父母私自选择了供妹妹上学，还把她的大学录取通知书藏了起来，不告诉她被录取的事。

起初她并未察觉，还趁着假期去做零工补贴家用。打了一两个月工后她回家问自己的父母，大学还没有寄来录取通知书吗？由于当时家里没钱交不起学费，父母怕她知道后要闹着去上学，就骗她说没有收到。

谁知道一个多月后女孩回到家里，无意间发现箱子里被藏起来的大学录取通知书，气得当场发疯，就此怨上自己的父母。

从那天起，她便离家出走决意再不回去。直到现在，

第四章　公司是个大家庭

她早已结婚成家,她先生也是我们公司的一名员工,两人靠努力奋斗到现在有了自己的小家,先生对她也非常好。然而多年以后再提到这件事,她仍然是咬牙切齿,气父母偏向妹妹,也气父母连让她知晓的权利都剥夺了。她还说自己从小就一直有个大学梦,当时能考上大学是件很难的事,结果好不容易考上了家里却瞒着不让她上。

她表示这一辈子都没办法释怀,也释怀不了。幸运的是,她从家里出来后正好遇到自己的先生,先生待她一直很好。她想这可能是"上天给你关了一扇门,又打开了一扇窗"。然而,通情达理的她仍无法解开与父母的心结。

她先生也曾劝她别恨自己的父母,说也许他们有不得已的苦衷。但无论如何,这个女孩始终没能迈过心里的这道坎。后来在公司培训时,我就让她大声说出来,对着台子大喊:"爸爸!爸爸我爱你!我原谅你了!我知道你的不得已!我现在也有孩子,原谅我以前没有体会过为人父母的任性!"

没想到她喊出来后晚上就梦见她爸爸了,这是以前从来没有过的事。想这或许就是父女之间的心灵感应吧。一个人能够释怀曾经，放下怨恨和仇恨去生活，带着爱继续前行，就会重获幸福。以前她带着对父母的怨恨生活，纠结于他们断了自己的大学梦，其实内心的压力也在折磨着她。

她说自己从梦里醒来后，一个人哭得不能自已。可不知为何，从前的怨恨也消失了，她感到从未有过的轻松。我听说她和先生一直没有举办婚礼，又主动在去年年会时与员工们一起策划，替他们举行了一个完整的婚礼。

人生不怕过错，就怕错过，错过就是遗憾。我做完一切后只觉得特别开心，能让她放下多年来对父母的怨，又圆了她的婚礼梦，相信这不仅对我，而且对她的一生也将是难忘的回忆。

在我们公司，如果员工有人生缺憾，我都会尽力去帮他弥补缺憾。我喜欢做这样的事。当我跟员工走得越近，也就越知道和了解他的一切，我会给予帮助，尽力替他们完成心愿。所谓的员工关怀，不就是从帮助他们完成小小的心愿、实现梦想开始吗？

企业和员工之间本就是相互成就的关系，而这里，也是帮助大家圆梦的地方。我不是造梦者，但我会量力而为，去守护他们的梦想。人生若能遇到这样的事，想必不管是谁都会特别高兴。

"己所不欲，勿施于人。"同样，如果你能给予帮助、替别人分忧，这份能量也可以更多地传递，帮助更多的人圆梦。

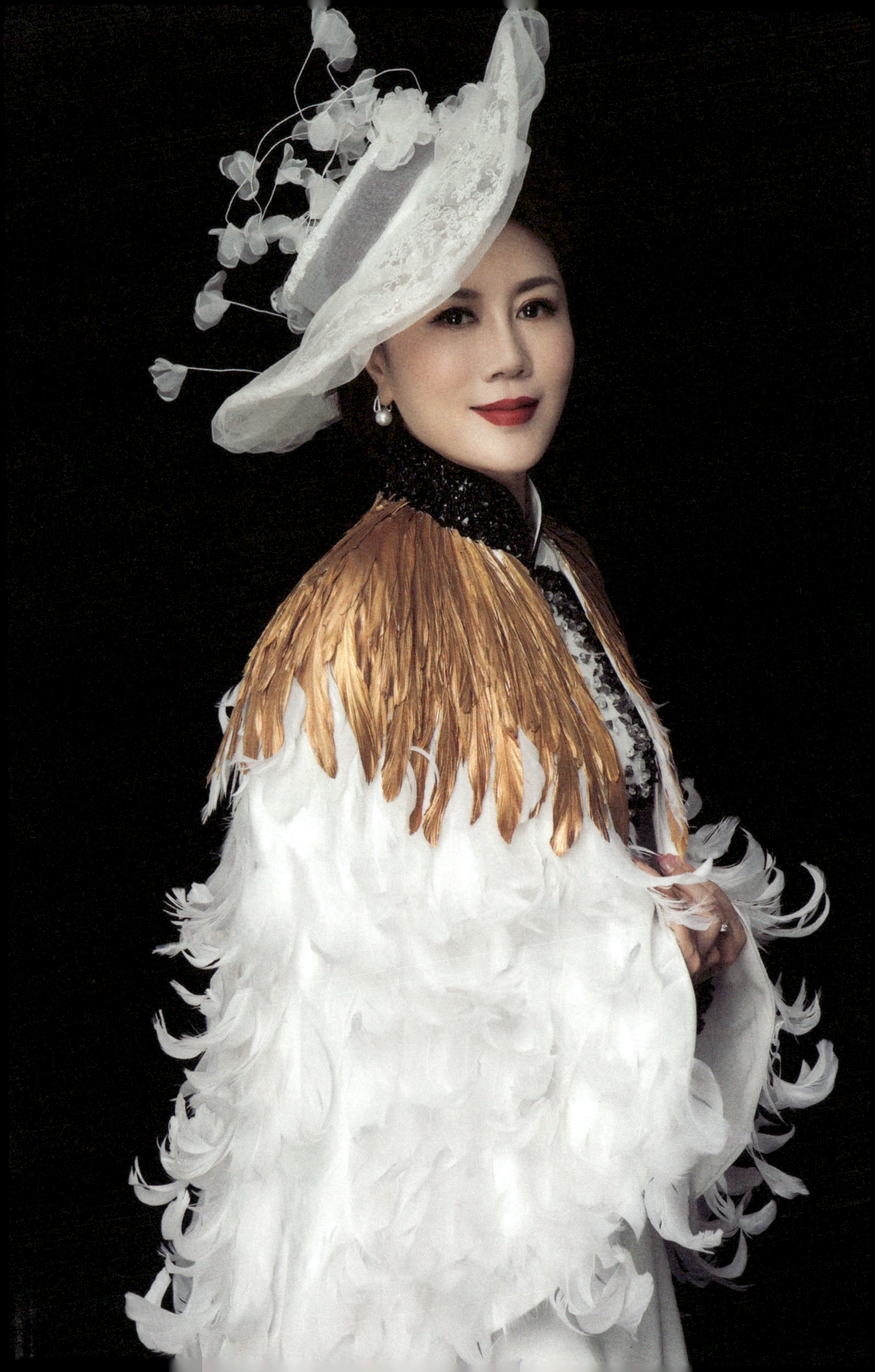

第五章

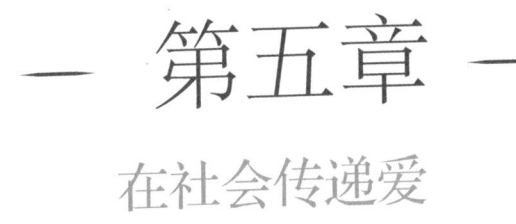

在社会传递爱

第一节 01

比起金钱,他们更需要爱

现代社会有很多人在做慈善,但往往只是送钱送物,却唯独忘了给一样东西,那就是爱。

第五章 在社会传递爱

爱是一种博大的力量，是一种比金钱和物质更能触动人心的东西。我自己就很重视把爱传递到社会更多角落，尤其是在关爱留守儿童这件事情上。因为孩子的心是敏感的，他们的成长需要用爱去浇灌。比起物质的缺乏，他们更迫切需要被解决的问题，其实是有人可以真切地关怀他们。

在我们公司有个不成文的规定，招员工优先招那些曾经的留守儿童。不为别的，就为让员工们来到公司里可以感受到公司的温暖和爱。

致力慈善事业，关爱留守儿童身心健康，是我一直以来都在做的事。我的目的是希望可以慢慢地通过爱来激励这些儿童；而不是在事业刚有所成，就着急忙慌地像个暴发户一样去给孩子们塞钱。这不但给不了孩子们心灵上的安抚，甚至会适得其反，让他们成为对物质有欲望的人。

何况，现在我们国家整体经济发展迅速，物质条件也宽裕了，留守儿童的生活需求大多都能被满足，唯有精神世界长期处于一种空虚的状态。

筑梦者 ——智慧和独立的故事

爱是一种博大的力量，
是一种比金钱和物质更能
触动人心的东西。

第五章　在社会传递爱

还记得有次看新闻，当时电视里报道了一起小区车辆多次被恶意划伤的事件。这个小区属于老旧小区，没有安装监控，因此调查困难。直到后来有个车主的车载记录仪无意间拍到了"罪魁祸首"，一切才水落石出。

"凶手"出乎众人意料，竟是小区里一个才十二三岁的孩子，而这个孩子平日里一直乖巧懂事。经过追问才了解到，他之前一直在乡下和爷爷奶奶一起生活，直到要上初中时才被父母接到城里。父母平时忙工作，连中午饭都没有时间回家给孩子做。他每天放学后便自己在家热剩饭吃，周围邻里都说他是个"早当家"的孩子，却从来没有一个人关心过孩子在缺乏父母陪伴的童年是怎样度过的。

我通过电视镜头仔细打量这个孩子，他的五官虽被马赛克遮住了，但还是能隐约看出脸型周正。穿着打扮十分规矩，虽然不是什么名牌但干净整洁。被找上门后，孩子的父母很是震惊，但记录仪里的身影铁证如山容不得他们不相信。他的父亲当着众人的面便扬起大手，下意识要给那孩子一巴掌，幸好被周围人拦住了。而自始

筑梦者——智慧和独立的故事

至终，这个男孩都低着头，一言不发背着手，老老实实地跟在父亲身后任凭责骂。

后来人们才知道，他之所以要划小区的车辆，竟是源自内心的嫉妒。他所在的班级里有不少城里的孩子，他们从小就娇生惯养，上学车接车送。而他却无论骄阳暴雨都得一个人来回往返，久而久之他的心里便产生了不平衡，开始"仇富"，也逐渐滋生出了恶念。

其实被划伤车的那些车主有好几户都曾对他有过恩惠，甚至还有人让他搭过顺风车。他被抓出来是划车凶手后，有个胖妇人指着他破口大骂，说自己之前看这小孩可怜，还给他送过巧克力，没想到他却是一只白眼狼。

听到这话他也不辩解，只是低着头默不作声。看着妇人在小孩面前趾高气昂的姿态，那一瞬间我忽然明白了，真正的关爱不是施舍。

很久之前，我在留守儿童里认了一个干女儿，我从不会主动给她买衣物，而是先跟她聊天，问她最近考试怎样。如果考得好，我会再找由头让她去给老师当小助手，然后奖励一套新衣服寄给她。这样一来，她会觉得新衣服是靠自己的努力得来的奖励，因此倍感幸福；而不会觉得这是靠别人的施舍和可怜得来的。这样她长大以后心理就会是健康有爱的。

因为被爱滋养过才会更愿意去付出，不会因心里不平衡而产生扭曲心理，在进入社会后抱怨命运的不公，而对他人的优越生活感到仇视。

我们应该培养孩子们从小靠自己的努力和付出来获取回报的意识。比如每个班都有学习成绩好的孩子，也有表现优异的孩子，老师可以给这些成绩好的孩子们奖励，还可以设奖学金。帮助孩子时，要让他们觉得是靠自己勤奋和努力得来的，而不能是平白无故就能得到。不要直接拿钱给孩子，因为这样做会让他们觉得自己是被施舍了，或以为可以不劳而获。施舍不会让孩子感受到被爱，只会让他们觉得自己低人一等，给钱的人则高人一等。这样一来就会在孩子心里种下不平等的种子，长此以往便会让他们觉得自卑、不自信。

俗话说"升米恩，斗米仇"，这种只懂一味索取的恶习养成后，等他们长大成人也会因"断粮"而产生仇视和对立心理，不思进取。社会上许多留守儿童长大后进入社会，无法很好地融入城市环境，不敢争取机会，永远觉得自己低人一等，并不是他们的能力不够，而是内心的不自信所致。

从小没有得到过爱护的孩子，敏感又脆弱，内心无法建立安全感，这就是我们想帮留守儿童就一定要从心底去关爱他们的原因。因为爱不是光靠物质来给予援助，而是应该帮他们建立良好的心念，从心理上关心他们，给予他们关爱。

我之所以重视留守儿童的情感栽培，就是要培养他们的平等意识，让他们知道自己与别人没有区别，所有人在这个社会上都要靠努力打拼才能获得成功。许多人总会不由自主地进行身份区分，其实不管留守儿童还是城里的孩子，没有谁可以轻易取得成功。

我之所以要给公司设立优先录用曾经的留守儿童的规定，也是想给他们多一些机会，让他们感受到来自社会和企业的接纳，而他们同样也会更加感恩从而回馈社会。

经常听到企业家做慈善时说"我们捐点钱吧"或是"我

们捐点某某物资吧"。但这只能解决受助者物质上的需求,解决不了他们心理的问题。

爱是给予、包容,是为社会创造和传递正能量,是一种良性循环。凡是被爱和拥有爱人能力的人,都有责任把这种能量继续传递下去。我要做的是自己先坚持,再影响更多的人一起参与,相信我们的付出能让社会变得更美好。

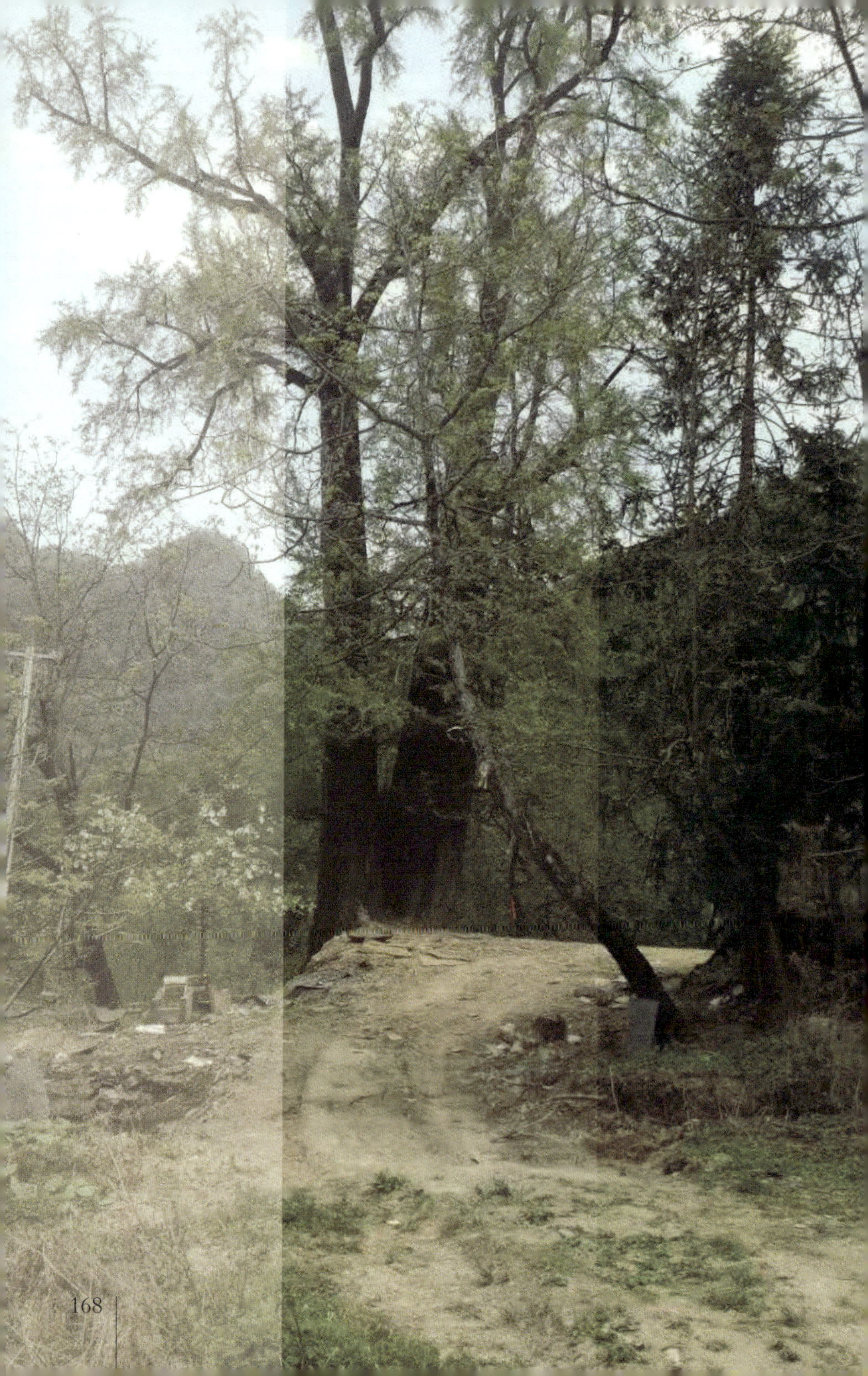

第二节 02

陪伴是最好的关怀

曾有一则报道刷屏网络：两名广西小学生藏在前往县城的大巴车底，准备逃票去找妈妈；等到站后司机发现这两个满身是泥的小男孩，被吓出了一身冷汗；两个小男孩一边抹眼泪一边说："我们太想见妈妈了，想找她，家里不同意，我们又没钱买车票，所以才……"

筑梦者 ——智慧和独立的故事

原来两个孩子的父母都在广东打工,只有逢年过节才会回家。两个孩子并不知道广东有多远,只是凭着离爸妈越来越近的信念,不顾随时被甩出的危险,硬生生在车底捱过了 90 多公里的山路。对他们来说,能离爸妈近一步就近一步,危险远远抵不上对父母的想念。

《农村留守儿童家庭教育活动调查分析报告》显示:32.9% 的家长每天会和孩子联系一次,39.8% 的家长每周会和孩子联系一次,4.9% 的家长每年才和孩子联系一次,1.3% 的家长甚至和孩子没有联系。

其实山里的留守孩子格外多,父母去外地打工,一年才回一次家,平常也很少和孩子联系,由年迈的老人负责照顾。离开父母的孩子极度没有安全感,在家里特别小心翼翼,会变得格外"懂事"来伪装自己,害怕自己被嫌弃。吃饭永远吃最小的那碗,身上的衣服小了也不敢跟老人说,大冬天手被冻得裂开了口,想妈妈的时候就在深夜里望着天上的月亮偷偷痛哭……

曾有一首孩子写的小诗让无数家长泪目:

我不喜欢看月亮,

因为月亮每个十五都会圆,

而我的家人却没有团圆。

我又喜欢看月亮,

因为我是那么的希望父母能和我一起吃团圆饭,

一起看月亮。

父母的陪伴是任何人都无法取代的存在,父母的臂膀是孩子儿时最可靠的庇护,父母的怀抱是孩子成长过程中最温暖的回忆。

陪伴是拉近人与人之间距离和关系的最好方式,当然也是建立情感的前提条件。陪伴的对象可以是父母、儿女,也可以是留守儿童。

作为两个孩子的母亲,每年学校放暑假我都会带孩子去偏远农村,和那里的留守儿童们一起生活一周。刚开始时,我儿子很不适应,看到乡下孩子睡大通铺满脸嫌弃,找出各种理由跟我闹着要回家,但我坚持让他们住上一周才能走。没想到才过一天,几个孩子就已经打成一片,到了第三天就成为好朋友了。

后来我对儿子说,未来不管你身在何地,在国内还是

筑梦者 ——智慧和独立的故事

国外,每年都必须抽空来看一看他们。我这样说也是想让这些留守儿童感受到自己是被人真诚地当朋友对待的,不会因为长大就改变了他们的关系;让他们知道儿时结下的友谊在成年后同样可以延续。

人没有选择出身的权利,所有的留守儿童都是被迫选择,他们必须接受上天的安排,让他们有一对无法长期陪伴在旁的父母。所以在我心里从来不会有身份歧视,更不允许自己的孩子歧视他人。

去年一次偶然机会,我接触到一个有着朝鲜血统的留守儿童。志愿者告诉我,这个孩子家里很穷,他父亲娶了一个朝鲜女人,结果生下他没多久就因为一些原因,朝鲜派人把他母亲接回家了。这一走便音讯全无,从此之后这个孩子也成了在单亲家庭中成长的孩子。

我一听完志愿者的介绍便马上抱住了那个孩子,我能感受到他的头发软软地戳在我的脖颈上,他乖巧极了。拥抱完后我放开手,他抬起头看着我,眼神懵懂却藏不住欢喜。我想他是太久没感受到母亲的拥抱,所以才会有这样的反应。然而让我更心疼的是,在这群留守儿童中,像这个男孩一样遭遇的孩子还有不少。每次听完他们的故事,我的心里都会被触动。在面对这群孩子时,我时常感觉自己很心疼;所以每年不管有多忙我都要带着儿子去看望他们,给予他们真诚的关怀和鼓励。

我也常对儿子说:"你们现在有父母在身边是幸福的,可你们常常不知道珍惜,埋怨父母没有给你们买这买那。你们去看看这群孩子,看他们住的是什么房子,吃的是什么饭菜,和他们相比你们还会觉得不知足吗?"不得不说,这样的教育实在太有用了,比单纯的说教更管用,也更能让他们切身感受到生活的艰难。

在北京,我也会带孩子一起去做公益。带孩子去探望孤儿,跟他们一起过腊八节,问候他们的生活。

我之所以倾力于慈善事业,跟我自己的成长环境也有关系。多年前家里遭遇的变故,让家庭氛围变得压抑了很多,而父母为了生计,也顾不上照顾我们的心灵感受。经历过那段无奈、心酸、痛苦的日子,长大成人的我更能体会留守儿童们的感受,知道他们的心中有着怎样的思虑。

筑梦者 ——智慧和独立的故事

陪伴的对象可以是父母、
儿女，也可以是留守儿童。

人是这个世界上最高级的动物,有感情,有教养,还有智慧。我们应该把这些智慧运用起来,去更好地帮助别人摆脱困惑,找到人生方向。人没有高低贵贱之分,家庭背景的好坏不过是因为出身不同,这不是自己能决定的;所以我们有什么理由拥有优越感,又有什么理由去歧视和看不起他人呢?

在城市里生活的孩子,每天有父母的爱护,有老师同学们的关怀,还有来自社会对他们寄予的厚望。他们与农村里的孩子从出生起就站在不一样的起跑线上,因为拥有的足够多,才更应该去分享给没有拥有这些的人。

现在有很多贫困山区助学的项目,我觉得这件事做得特别好。助学就是助力成长,让贫困地区的儿童可以完成学业,可以快乐地生活,这对他们而言就是在教会他们生存的技能。我会要求孩子给留守农村的朋友寄去小礼物,这是一种关心,会让收到礼物的人感到无法言语的喜悦,而这种感受我小时候也曾体会过。

所以哪怕是一点小小的心意,对别人而言却是无比珍贵的礼物,也可能会是永恒的回忆。我心疼那些留守儿童自小没有父母陪伴,与父母分隔两地,不能和父母进行良好的沟通与交流。

如果你想做好事,不一定要捐多少钱帮助多少人。真心想要帮助别人,就放下身段,抛开身份差距与他们真诚地交流,因为只有这样才能让他们感受到温暖。也许只是陪在他们身边说说话、聊聊天、安静地看他们做功课,只要让他们感受到你在他们身边就好。

有一种安心是你在就好,陪伴就是最好的关怀。我们正是因为太缺乏这种陪伴与关怀,才让人与人之间的关系变得冷漠,甚至连家人都得不到一句温暖的问候。

所以我想说,真想帮助一个人就应张开双臂拥抱他,就是这样简单的动作足以温暖所有。

第三节 03

我有女儿了

我之前去探望留守儿童时,在这些孩子里认了一个干女儿。

筑梦者 ——智慧和独立的故事

  说起来,人与人之间的缘分还真是奇妙莫测。那天我和马晓微两个人结伴去探望留守儿童,当时场上的孩子不少,足足有上百个,偏偏就两个女孩格外特别,其中一个只黏着我,另一个则只黏着她。黏着我的这个女孩生得水灵灵的,一看就招人喜欢。我刚一去她就跟我格外亲近,无论走到哪儿都要拉着我的手,还不时轻声细语地问我:"妈妈,你别走行吗?"

  听到这句话,我的心都要被融化了。这是多么渴望爱的一个女孩儿啊,真是让人割舍不了。我家里虽有两个孩子,但都是男孩儿,他们只有在小的时候这样黏过我。记得他们还在襁褓里的时候就只让我抱,一刻也不能离手,换了别人就大哭大闹。等到他们长大一点,摇摇晃晃地学走路时只要我在一边张着手,就会冲我跑过来。到了上学的时候,他们会站在幼儿园的门口,一直磨磨蹭蹭地拉着我的手不愿松开……

  时间转瞬即逝,他们已经长成了"男子汉",再也不愿意主动和我亲近,更别说这样软乎乎地撒娇。

  其实在怀老二的时候,我和先生也曾经畅想过如果

第五章　在社会传递爱

这一胎是女孩儿的话要如何如何。我幻想着她留长发、扎辫子，穿上漂亮的旗袍拍照片的样子。我一直很喜欢女孩子穿旗袍，曾经有个朋友在聚会时向我们显摆她家女儿拍的旗袍照，我很羡慕。

等到老二出生后，全家都有些意外，老大看着弟弟皱巴巴的小脸把嘴一噘，直冲我感慨："我还以为是个妹妹呢！"

这女孩儿和我亲近，我对她也格外喜欢。她拉着我的手不让我走的时候，我忽然心头一动，想着这可能是天意，给我送来一个女儿。于是我蹲下来看着她问："阿姨家里正好还没有女儿，你愿意做我的干女儿吗？"

她笑了，点着头大声应道："愿意！"

就这样，我从此就多了一个干女儿。后来我还给她买旗袍，圆了自己打扮女儿的心愿。说起这个干女儿，她懂事得让我心疼。她的父母长年在外赚钱养家，已经很多年没有回过家了。这些年她一直跟奶奶生活在一起，小小年纪就早已学会做家务、煮饭，还要照顾奶奶。

老人淳朴，教育出来的孩子也听话懂事。今年过年，

筑梦者 ——智慧和独立的故事

被人依赖，也是一种快乐。
我心里就多了一份对爱的人的挂念，
能去爱人真是一件好事，让我感到更加幸福。

我买了些衣物连同红包一块送过去，结果老人却埋怨我买太多。我知道老人的心理，她不希望我多花钱，但我却觉得既然是过年还是要有个过年的样子。

我平时工作忙，只能靠电话跟干女儿保持联系。她现在亲切地叫我"赵蓉妈妈"，经常嘱咐我不要累着了，要注意身体。我也会以母亲的身份告诉她上网课要注意保护眼睛，等暑假时就接她过来跟哥哥们玩。看着我们的日常聊天记录，也许很多人都会觉得我们俩是亲生的母女。实际上我也是在有干女儿的时候才感觉到这份贴心，女儿说话真的比儿子更甜，更让人喜欢。

"妈妈，您要保护好身体，知道您很忙、很辛苦，千万别累着。"看到女儿给我发来的消息，我心里暖洋洋的，既感动又高兴。我们聊的虽然都是些琐碎细微的事，但却其乐融融，从一言一语中我都能感受到她的真心。

上次去看望留守儿童时，刚好是我的生日前几天。她见到我时，把我拉进屋里，神秘地取出一个纸盒，说是要提前送给我生日礼物。盒子很轻，不知道里面装的是什么，直到我生日那天打开，才发现里面是一个收纳罐。

筑梦者 ——智慧和独立的故事

透明的玻璃杯壁上贴了张字条,写着:"亲爱的赵蓉妈妈,闺女祝您生日快乐!这是闺女这几年来攒下的千纸鹤,最近终于满一千只了,送给妈妈,希望您可以心想事成。"

传说一天折一只千纸鹤,坚持一千天,就可以向上天许一个愿望。我之前去干女儿家的时候,曾经看到她叠的千纸鹤,当时听说她已经坚持叠了好几年,还问过她想要许什么愿望,但她只是笑着摇摇头并不作答。没想到最后她竟是将这个愿望送给了我。这是我这些年来,收到过最惊喜的礼物。

其实被人依赖,也是一种快乐。自从有了干女儿之后,我心里就多了一份对爱的人的挂念,能去爱人真是一件好事,它让我感到更加幸福。如果不是当初的一个无心之举,我恐怕没办法收获这种幸福,更不会得到一个贴心小棉袄。

谁说善良没有回报,任何的善举都会被老天看在眼里,会得到回馈。我虽没有想过要什么回报,但能得到别人的真心相待、由衷关怀,我想这已经足够了。很多时候,人总想着回报,做任何事都要计较得失,反而什么也得不到。

  我的企业做得顺风顺水，时常会遇到贵人，有着勤劳努力的员工，没有那么多糟心事，我想这都是我之前的善念和举动获得的馈赠。就像这个干女儿，我从来没想过对她好要有什么回报，正是我的这份爱让她有了感知，她才会愿意将心比心地爱我，叫我妈妈。在这个世界上，没有什么比这个更珍贵的了。

第四节 04

给予爱是一种快乐

这些年来,我参与了很多公益活动,做过的项目也不计其数,走过的地方远到万里之外,见过的人形形色色。若要问我的能量可以有多大,可以改变多少?其实我自己也不知道。但我唯一能确定的一点是,我愿意用自己所有的爱去让别人开心快乐。

给予爱，传递爱，也是一种快乐。

在常去探望留守儿童的志愿者里，有个叫晓刚的男生，人长得高大威猛，有些唬人。我第一次见他的时候，他一声不吭，只默默地凑上前去，跟着众人帮忙从车上卸物资。我当时还不认识他，但听人喊过他的名字，因此知道他叫晓刚。搬物资的时候，晓刚很是卖力，扛着东西走起路来风风火火，让我刮目相看。

因为人多手杂，好几次别人不小心磕碰到他，他也不介意，对别人的道歉也只是憨憨一笑。

当天快开饭的时候，有个孩子跟我说他们房顶好像有一处漏了，想让我找个人帮忙看看。当时晓刚就坐在我身前不远处，我便顺口喊了他的名字，结果一连喊了几声他都没有理睬，弄得我十分尴尬。我心想，本来还以为他是个"老好人"，没想到这么快我便在他那儿碰了个软钉子。还好此时旁边又有一位志愿者经过，我便请他出手帮忙，他听了后毫不犹豫地就答应了。

路上，那名志愿者和我聊天，笑说我不会寻才，之前在我前面坐着的晓刚才是修屋顶的好手。我便顺便将

筑梦者 ——智慧和独立的故事

之前喊话被无视的事告诉了他。结果志愿者听我说完之后，问我："你是不是只在他的身后喊话，没有走到他的身前去？"我不明就里地点了点头。

他笑着说："这就不奇怪了，晓刚双耳失聪，只会读唇语，只有当你站在他面前说话的时候，他才能听懂你说什么。不过他平时神态举止与常人无异，我都忘了和你们说这事了。"

后来我又得知，晓刚因双耳失聪，刚出生不久就被父母遗弃在路边，辗转被送进孤儿院，幸亏得到好心人的资助才上完学，学了一门手艺赖以谋生。这位资助他的好心人是匿名资助，找不到具体的联系方式。晓刚走上社会后，便在工作之余常常参加各种公益项目。他说当初资助他的好心人曾给他留下一句话："做一个对社会有贡献的人。"

这么多年来他一直把这句话牢记于心，并身体力行地把这句话落到实处。

其实做公益就是一个给予爱、传递爱的过程。匿名资助者之前给予了身为弱势群体的晓刚爱，晓刚接受并感知到爱之后，又在日后将这份爱继续传递下去，实在令人感动。

这么多年来，我们坚持去探望留守儿童，也是希望能够将爱给予他们，让他们感受到身边有爱，这样他们以后才会去传递爱、去爱别人，就像现在身为志愿者的晓刚一样。所以歌里唱的那句话是对的："如果人人都献出一点爱，世间将变成美好的明天。"

我也一直把给予和奉献当成是一种快乐。有些人可能认为，给予奉献、舍己为人，这不是在将自己的福报拱手让给别人吗？其实并非如此，所谓"舍得舍得"，越"舍"越"得"。有时候你"舍"的越多，得到的就越多。

在做留守儿童这一公益项目的这些年，我付出了很多，也收获了很多，就想多给这些留守儿童一点陪伴。每年我都会要求两个儿子和我一起去乡下探望他们，甚至和他们一起短暂生活。在这个过程中，两个儿子虽然付出了时间和精力，但在亲眼目睹和体验了留守儿童的生活之后，他们都变得更加懂事，更加珍惜自己现在所拥有的一切。而我在留守儿童中收养的干女儿，让我付出了一份牵挂，也收获了一份纯真的情意……

有段时间我还去养老院探望老人，这是和去孤儿院探望完全相反的体验。养老院首先从气氛上就和孤儿院大相径庭，孤儿院里大多是未成年的孩子，就算不说话也能从他们身上感受到一种自然散发的积极向上的气息，让人感觉充满生命的希望。

而养老院里，一般住的都是上了岁数的老人家，有的年高九旬仍神采奕奕，有的年逾半百就卧床不起，而更多的则是普通的孱弱老人。这里能让人感受到生命的流逝。我们在养老院里擀面皮，包饺子，表演文艺节目，撺掇着大家跳广场舞。这繁华是热闹的，也是冷寂的，因为"夕阳无限好，只是近黄昏"。

如果说在孩子们的身上能看见未来，看见希望；那么在老人们的身上能看见些什么呢？生命的流逝与无奈？所以我们总说，孩子是希望，是祖国的未来；而老人，只要能安度晚年即可。而我不管是看望老人还是孩子，只要看到他们的笑脸，感受到他们的快乐，就会感到发自内心的开心与欣喜。

第五章　在社会传递爱

如果说获得是一种满足的话,那么给予就是一种快乐。在我看来,即使没有获得只有给予,也是一种很好的体验。我希望更多有能力的人可以一起来体验这种快乐,这是金钱、名利无法替代的,是人类最原始、最纯粹的交流。

当你愿意真心实意地舍,去帮助他人时,会忘记回报。人不光要有物质基础,也要有精神基础,更要坚持奉献爱、传递爱,让社会拥有更多这样的正能量,自己也会因此收获福报。

经历了幼年的懵懂、少年的稚嫩,我一天天长大成熟了。渐渐地我明白,人们对于精神的需要,不仅仅是亲情、友情、爱情,更多的是渴望得到人性本有的那种慈悲、祥和及博大而永恒的爱。

金钱与虚荣的海市蜃楼,如魔魅般在不知不觉中悄悄走近,遮掩至爱的光辉,爱在"小我"当中霉变了。我们真正匮乏的不是爱的本身,而是不能将爱无限地扩大、赠予。

第五节 05

我爱我的祖国

2019年国庆节来临之际，为了隆重庆祝祖国70华诞，各大院线上映了主旋律电影《我和我的祖国》。这部电影讲述了七段接地气的"人民生活史"，从那些带着印记的中国人的生活、工作和喜怒哀乐里，我们看到了祖国的发展与时代的变迁，心潮澎湃，激动万分。

第一段故事《前夜》中，由黄渤饰演的工程师林志远，负责在开国大典那天升国旗。

1949年10月1日，天安门前第一面五星红旗在响彻天际的国歌声中冉冉升起。它庄严地向世界宣告：中华人民共和国从此成立了！我们从此站起来了！

看似简单的"升国旗、奏国歌"，在当时却是一件大难题。国旗和国歌方案是在开国大典前三天才确定下来的。建国之初，百废待兴，人民连饭都吃不饱，更不要说找到做旗杆的材料了。大典前夜，工程师林志远熬了整整一个通宵，终于确保国旗能准确无误地在天安门上空升起。

开国大典时参阅的飞机只有17架，周总理说："飞机不够，我们就飞两遍。"当时受阅的山炮方队是由骡马车拖拽过去的。而现在，曾经一穷二白的中国仅仅用了70年已兴旺富强。今天的富强，是一代又一代的中国人，用艰苦努力和不屈奋斗一点点换来的。

第二段故事《相遇》中，由张译饰演的科研人员高远，在和女友确立关系后，就"人间蒸发"了。再次相遇，

筑梦者 ——智慧和独立的故事

是高远遭受核辐射后就医时。公交车上，听着女友的哀怨，高远隐忍不动，直到街上传出第一颗原子弹爆炸成功的消息，高远才露出了欣慰的笑容。

当看到这个片段时，我禁不住哽咽语塞………

第二次世界大战时，美国把刚研制成功的原子弹投到了日本的广岛与长崎，迫使日本无条件投降。同时，原子弹也让世界明白了，一个国家掌握核武器的重要性。

当时国际环境风云突变，以邓稼先为首的一大批中国科研工作者临危受命，承担起研制中国第一颗原子弹的重任。邓稼先的爱人许鹿希曾讲述了一段他们当时的故事：

在一次核爆试验中，为了第一时间掌握试验爆炸失败的原因，邓稼先亲自驱车前往戈壁深处，在核弹疑似掉落的边缘，找到了那枚已经摔碎的核弹。由于频繁近距离接触放射性物质，他的身体遭受到了超剂量的核辐射，全身出现了大面积的溶血现象，患上了不治之症。

为了祖国能够堂堂正正地站起来，无数像邓稼先一样的国防科研人员前仆后继，隐姓埋名，克服身体的疼痛折磨，承受精神上的自我隔断，用生命在研发第一线做核试验。从 1959 年到 1964 年，整整花了 5 年多时间，中国第一颗原子弹终于成功引爆。

"你们谁也别去，我一个人进去；你们去了也找不到，我做的我知道。""两弹元勋"邓稼先的这句话至今依然在我耳边清晰地回荡。我们今天幸福安康的生活，我们所拥有的一切，都是源于这些支撑国家、民族的脊梁们无私的奉献。

第三段故事《北京你好》中，由葛优饰演的出租车司机张北京，虽然平凡市井，但他也有"光辉"的一面。他把自己来之不易的一张奥运会开幕式门票，送给了来自四川地震灾区的 13 岁男孩，圆了男孩亲眼目睹父亲生前修建的奥运场馆的梦想。

对于普通人而言，不能为国家做什么大事，那就用最悲悯的同情心作为一张名片，来展示这个城市。这其实只是北京申奥前，万千真实故事中的一个。

早在 1991 年，北京就曾申奥过一次，那次申奥是国家领导人邓小平提出来的。1990 年，当时北京正在筹办

筑梦者 ——智慧和独立的故事

亚运会，邓小平在国家奥林匹克中心和亚运村视察的时候，对工作人员们提出了一个大胆的想法："你们敢不敢申办一次奥运会？"

对于1979年才恢复了在国际奥委会的合法席位，1980年才参加了在美国举办的冬季奥运会，1984年才开始真正大规模地参加奥运会的中国，申办奥运会几乎是不敢想的事。但承办奥运会对于扩大中国在世界上的影响力，让世界认识中国太重要了。

千里之行，始于足下。当时中国的奥委会拼尽全力，四处奔走、马不停蹄地搜集整理了承办奥运会所需的硬件和软件，以及资金技术等各方面的信息；又实地考察了对市政建设和城市服务的各种要求；探讨研究了我们承办奥运会的各种能力。终于在1991年，我们第一次申奥。虽然失败了，但中国人民天生就有股不服输的精神，重整士气后，我们又于1998年再次申奥。

在2001年申奥成功前后，作为主办城市北京的民众，上到参与申奥的工作人员，下到各行各业的普通老百姓，都在用兢兢业业地工作，用自己微小的光和亮，向世界

第五章 在社会传递爱

展示一个真实的、丰富的、热情的中国。

经过社会上上下下多方面的努力，2001年，北京申奥成功！这是个振奋的消息，更是城市、人民自我提升后最值得骄傲的事。

正如电影中所演绎的：无数普普通通的中国人，在平凡的岗位上，在细碎的生活中，用尽善尽美的小举动，丰满了我们历史的大进程。回望我们经历的这一切，既骄傲又自豪。这是一个最好的时代，我们站在前人奋斗的基础上，享用着他们奋斗的成果，我们的起点更高，但这一切弥足珍贵，每个人都要懂得珍惜。

每个人都有自己的祖国，祖国是自己出生的热土，是哺育自己成长的故乡。自古以来，人们把祖国比喻为母亲，家乡的黄土割不断游子的思念，漂泊在外，最终也要回到生于斯、养于斯的祖国。唐代高僧玄奘大师西行游学17年之久，赢得了崇高的荣誉，但他仍念念不忘自己的祖国，最后还是回到祖国的怀抱。

祖国永远是每一个人的心灵归宿。心中没有祖国的人，就像一片浮萍，没有根基，永远找不到自己的归宿。

我爱我的祖国，我珍惜今天来之不易的生活，我要为祖国更好的明天继续拼搏奋斗。

第六章

网络时代的思考

第一节 01

女性该如何实现自我价值

在大多数人的认知中，30岁对于男性而言正是黄金时期；但是对于女性而言，却像一个走向下坡路的转折点。这种观念不是现在才有的，在中国上下五千年的历史长河中，在男尊女卑、女子无才便是德的传统观念中，它早已根深蒂固。

第六章 网络时代的思考

随着社会的快速发展,思想越来越开化、越来越包容,大家逐渐意识到在工作和生活中,女性开始展现出自己并不劣于男性的能力。但在"妇女能顶半边天"的时候,又有一种"不良歧视"出现了。

我有一个表姐,学习成绩优异,大学毕业之后就进入了一家不错的公司工作,出色的工作能力很受领导的青睐。在她28岁的时候,遇到了我表姐夫,两个人很快便走进了婚姻的殿堂。生完孩子的她再次回到工作岗位时,却被领导无故挑刺,迫使她辞了职。重新找工作的她,面试屡屡碰壁,面试官一听到她的年龄和家庭情况都频频摇头。

所以我不禁想问:"难道女人的黄金时期,只有20岁至30岁这个时间段吗?那中年女性该何去何从?"最近一个综艺节目《乘风破浪的姐姐》刷屏,里面嘉宾的年龄都是30岁以上。这个节目播出以后长时间霸占微博热搜,公众号和视频网站纷纷报道关于它的消息。它的爆火,不是因为里面的嘉宾"姐姐"有多好看;而是在这些"姐姐"身上,我们看到了勇敢,看到了专属于30

筑梦者——智慧和独立的故事

岁女性的朝气蓬勃，看到了30岁的女性依旧可以乘风破浪，这种力量足以撼动人心，产生共鸣。

在岁月的长河中，每个人实现自我价值的时间，并不是由哪一个具体的年龄段来决定的。不要顾及年龄，只要敢想敢做，一切都来得及。

正在读这本书的朋友们，你们是否还记得国美老板娘杜鹃的故事？

国美电器的创始人黄光裕带领国美成为了中国领先的电器公司，他自己也成了首富。而杜鹃本是银行的职员，只想相夫教子的她，在黄光裕入狱之后，义无反顾地挑起了已经"伤痕累累"的国美帝国。为了节省时间，她剪掉了自己的长发。在她的带领下，从亏损8亿元到收入640亿元，国美电器一步一步地回归正轨。

在杜鹃身上，那个30岁的年龄魔咒好像自动消失了一样。每个人生来都是平凡的，只因为在平凡的身躯上加持了不平凡的品德、品性，人才会变得不平凡，才能化腐朽为神奇。

曾经那个酸酸甜甜的女孩张含韵，现在31岁了，她在节目里说道:"30 岁之前,我们的青春、我们的美好都是父母给的,30 岁之后的美好,是我一手创造的。"她经历过爆红,经历过低谷;但是每一次出现,她都惊艳了众人。

勇敢地走出舒适区,不要被年龄所束缚,不要惧怕世人的眼光,只要出发,随时都不会晚。还记得大 S 在一档节目里说过自己年龄大了之后,只能演妈妈一类的角色,觉得很难接受。或许她在意的不只是自己只能演妈妈一类的角色,更多在意的是别人对她年龄的看法。只是看到她的年龄,就对她亮出了红灯。

到了 30 岁,很多人会担心、会焦虑、会急躁,其实 30 岁以后的生活并没有想的那么差。

外界对 30 岁的女性也不该局限于她们的年龄而忽略价值。当然更重要的是身为女性,不要只停步于羡慕别人精彩的人生,只要你努力奋斗,你也可以成为别人所羡慕的人。只要无惧年龄的界限,无惧世俗观念的束缚,变老并不等于变差。

30 岁的你,正是乘风破浪的最佳时机。就像我从不

筑梦者 ——智慧和独立的故事

把自己定位到中年企业家一样,我希望不管是自己还是公司,都要以最年轻、最自信的姿态出现。而阻碍我们创业和成长步伐的,永远也不该是年龄。

在岁月的长河中,
每个人实现自我价值的时间,
并不是由哪一个具体的年龄段来决定的,
现在就是最好的时间!

第二节 02

关于父爱这件事

  小时候看到书上写父亲是一座山,可直到多年后我背井离乡外出求学时才明白,我才是那座沉甸甸的山。父亲要背着我这座山披星戴月蹚过湍急的河水,头顶烈日踏过泥泞的小道,满身霜寒走过冰冷的雪地,直到他的身影不再挺拔,面容亦不复当年。

筑梦者 ——智慧和独立的故事

岁月无情地侵蚀着他的一切,可从未将他打败。

我们有必要记住每年 6 月的第三个星期天,那是父亲节。

太多人忽视掉这个属于父亲的节日了。我们是不是该沉下心来回头看看,看着那个陪我们从蹒跚学步到步履稳健的男人,看着他挺拔的腰杆慢慢佝偻下来,看着他乌黑的头发逐渐泛起白霜……

我在网上看到这样一个故事:

我有个同学小飞,特别痴迷电脑游戏。从高一开始基本上天天都会翻墙出去上网,成绩在班里也是一直吊车尾的存在。有一天晚上和往常一样,等到查寝结束后他和我们打了招呼就从宿舍跑了出去。

可没过多久他就像见了鬼似地跑回来,接着蒙头就睡。我们谁也不知道他发生了什么,还打趣着说他可能真的遇到鬼了。自此以后,小飞就像变了个人似的,再也没有去上过网,奋发图强这四个字用在那一年的小飞身上一点都不为过。

高考成绩出来,他考上了理想的大学,毕业离别时同学们推杯换盏。小飞很快喝醉了,我好奇地问起来,当年那个晚上到底发生了什么。

沉默了半晌后,小飞说他那天晚上翻墙的时候遇到了他的父亲。那天父亲来学校给他送生活费时,错过了末班车,为了省钱就蜷缩在墙角对付了一宿。

……

每每读到这个故事,我总会潸然泪下。父亲肩头的血汗和心底的辛酸一步步地把我托举到这个位置。可我,似乎到现在都没什么可以回报父亲的,而父亲也从来就没求过回报。

2016年我的爷爷奶奶相继离去,我站在吊唁的人群中浑浑噩噩不知所措。我的父亲在人群中游刃有余地迎来送往,似乎不曾伤心,我也肤浅地以为父亲也如同他表现的那般豁达。

可当夜晚降临宾客散尽的时候,我才明白,原来我的父亲并不是表现出的那般坚强和豁达。

父亲一言不发地坐在灵堂里,时不时地拿棍子拨弄一下面前跳动的火焰。我坐在他对面,不知道该说些什么。

因为和爷爷奶奶相处的时间很少，我甚至都挤不出几滴伤心的眼泪，我只是明白，我的父亲失去了自己的父亲。

他再也见不到爷爷了，以后最多每逢清明在冰冷的坟前喃喃几句，洒上一杯缅怀的白酒，和缕缕的青烟一起飘到天空化作虚无，以此寄托思念。

可能是地上的烟火有些熏人，我看到父亲伸出手抹了抹眼角的泪水，接着长叹一声，便不再说话。第二天一早我迷迷糊糊地睡醒后，看到父亲还坐在那里。如同水泥铸造的雕塑一般，一动不动，一夜未变。

……

生活在这片土地上的所有父亲都一样，就像是我和小飞的父亲，他们从不把爱意轻易表达出来。

但我们清楚地知道，父亲爱我们。我们能做的，就是让自己成长的速度超越父亲老去的速度，让父亲成为我们这座山上的一棵树。哪怕他可能不再那么挺拔，不再那么郁郁葱葱，已经尽显老态。

朱自清把对父亲的爱表现在文字之中，网友故事里的小飞把对父亲的爱寄托在学习中。

那我们呢？我们要如何去把对父亲的爱表达出来呢？

"人见生男生女好，不知男女催人老。"我们呀，就是让父亲老去的"罪魁祸首"。趁着今天，回家"自首"，炒几道拿手小菜，陪他坐下来喝两杯，聊聊你的近况，顺便买一件礼物带给父亲。

虽然他会责怪你买东西浪费，但言语的斥责掩饰不了藏在心底的欣喜。他期待着你的一声"爸爸我爱你"或是一声简单的"父亲节快乐"，这就是最好的礼物。亦如当年你的到来就是父亲这辈子得到最好的礼物一样。父亲也许和我们一样尽显平凡，可我们深爱着这片土地和在这片土地上生活的父亲。

我重视孝文化，也一直在传播孝道，希望公司所有的人都能对父母尽孝；但我仍然觉得这是不够的，并不能完全让我们真正回报父母的养育之恩。

第三节

所谓的成长，就是你要学会坚强

疫情期间，我和公司团队一起搞起线上运营，主要把生活中的一些感悟及公司的活动、文化等以新的形式呈现出来。经过几个月的努力，我们的线上平台收获了不少人的关注，也有了一批粉丝。

做线上其实不比线下轻松，不管天气再炎热，说拍摄就要马上出发，每天还要找素材，找拍摄的地方，做直播。有员工说："赵姐，你真是厉害，现在玩直播的都是年轻人，你说干就干，还吸引了那么多粉丝喜欢你。"

我说："人不就是活到老学到老吗？如果你一直停止不动，为现在的一些小成绩沾沾自喜，那迟早会被时代淘汰。"

这话是真的，以前很多同行就因为疫情坚持不下去，大批裁员。而我不管是做广告语、公众号、线上线下的活动，都会亲力亲为，就是为了让自己参与到其中，既能学习，也能进步。我也没想到，短短几个月可以积累这么多粉丝，还有一些粉丝就单纯是为了看我而来，对此我觉得挺开心的。因为这证明了我还有能力，即使换个行业也能做得很好。

人这一辈子，不就是要不断地成长，不断地学会坚强嘛。今年的形势不好，各行各业都受到影响，我们以前都是做线下实体经营，今年也开始涉足线上，并取得了一点小成绩，虽然跟之前的成就无法相比，但这也是

筑梦者 ——智慧和独立的故事

成长是一场和自己的比赛，
不要担心别人会做得比你好，
你只需要每天都做得比前一天好就可以了。

我们前行的第一步。

为了做视频、直播，我带着团队去了很多地方，丰台、昌平、店里、咖啡厅……每个场地都是我们的战场，都留着我们一起努力奋斗过的痕迹。公司里有很多年轻员工，他们有想法，有理想，我就放手让他们去做，去策划，去组织。比起他们来，我真的需要多学习，多接触新的事物。

而他们缺的只不过是我给的机会。

自从开始线上视频运营，我们做了一场线下粉丝回馈活动及几次直播。在视频拍摄过程中，真的有很多不容易，有时候一条视频需要重新拍好几次，才能拍出自己最好的状态。很多人评论说，羡慕我这个女强人，还有人说要向我学习。

其实，这都源自我们中国人骨子里所具有的不屈精神。经历过风雨后，所有人都会变得坚强，变得有勇气。

学习是一个人的终身成长能力，是一个需要付出和不断努力的过程。在这个日新月异快速发展的时代，必须要通过提高工作效率，提升技术能力，提高产品品质，

筑梦者 ——智慧和独立的故事

在新的时代创造更多新的奇迹。

不止于我，朗斯也会根据社会发展改变策略，做线上，搞直播，利用抖音公域流量，最后导私域建社群。今年 2 月份我们开始了理论加实操，在京东、天猫上开始现场直播。

疫情期间我沉淀了自己的历程，通过文字记录分享

沙龙分享会

给所需要的朋友。一路走来我深知肩上的责任和重担，因为还有众多兄弟姐妹追随企业，我也想带领他们去改变各自家庭的命运，让每一个来到公司的员工更懂得感恩父母，承担起家庭的责任。从小家至大家，为了国富民强，我们必须奋斗！

未来的路还很长、很远，作为成年人就该担起成年人该有的担子，去拼搏，去创造，去实现自己的理想，去成为更有用的人。

当你慢慢地在这条路上走得越来越好，越来越顺的时候，你会发现前面所有的努力都是值得的。因为没有人可以那么轻松地获得成功，那么容易地收获成长。

人有时候想得越多，压力也会越重，所以才会负重前行。今年很多人破产、失业、店铺关门，但我认为这些都不会是人生的终点，不会阻止你继续前行的脚步，反而可能成为你人生路上前行的新动力。

父母是孩子最好的老师，当我们要求孩子学习成长的时候，自己也应该不断学习，不断成长，让自己成为孩子的榜样。

筑梦者 ——智慧和独立的故事

未来的路还很长、很远，
作为成年人就该担起成年人该有的担子，
去拼搏，去创造，去实现自己的理想，
去成为更有用的人。

第六章　网络时代的思考

和孩子一起制作万圣节南瓜灯

所有的困境只是暂时的，要相信只要我们坚强不息，一切都会变得越来越好。

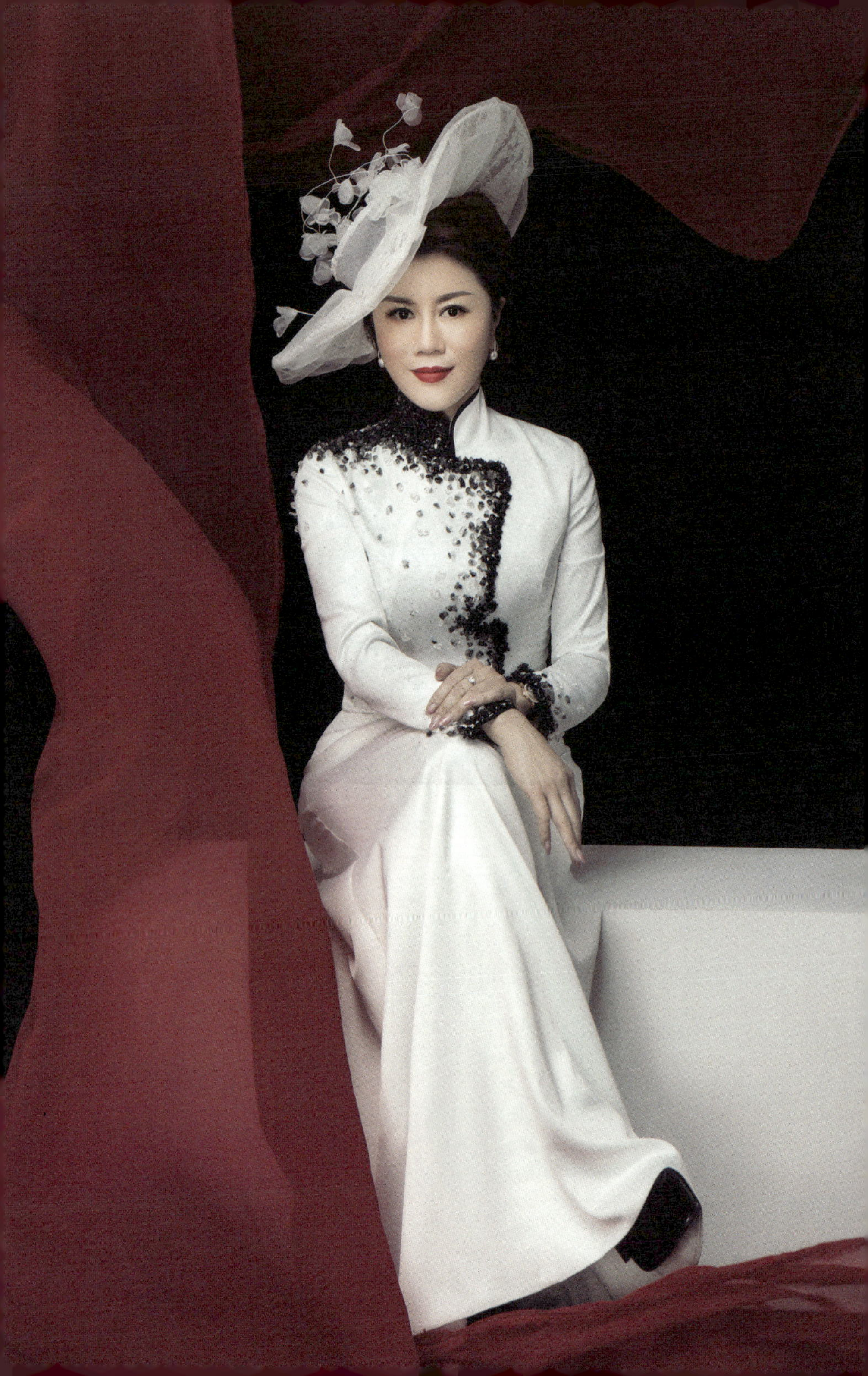

第六章　网络时代的思考

学习是一个人的终身成长能力，
是需要付出和不断努力的过程。
我们中国人骨子里具有不屈的精神。
经历过风雨后，
所有人都会变得坚强，
变得有勇气，
勇敢地去筑造梦想，
不悔此生！

后记

我出生于中国陕西省安康市的一个小县城。朋友说我的身上具有积极、乐观与坚韧的品质，具有一种能够与所有人融洽交往的能力。其实我想说，这种特殊的天赋，正是源于我的乐善好施与优雅谦逊。

我能够满怀激情地去工作，同时也可以用恬淡的心境去生活，我能从生命中寻到真谛，可以在简单的事物上发现美。就是这样一个我，在谈起我的人生旅程以及我对心中梦想执着的追求时，能够让所有人都被我眼中的光芒吸引。

记得有一次，当我对大家讲到我曾带着儿子去看望留守儿童的故事时，在场的每个人都强烈地感受到那份纯真的大爱之心。这些生动的故事好像浪花，折射出我生命中所注入的活力、希望与奉献精神。

后记

光阴如梭,斗转星移,一转眼我已进入人生的黄金时期。每次回忆过去,我的内心总会升起一种清新的愉悦感,身体里瞬间涌起一股敢闯敢干的勇气。我总觉得北京的空气中含有令人兴奋和快乐的因子。当清晨的阳光照进屋内,我就会有种想要冲出去和这个城市亲吻、拥抱的冲动。这些记忆一点点渗透进我的血液,激励并影响我的一生。

2000年,我的生命之船驶往北京,在时光的大海中升起梦想的风帆,求索之旅刚刚启程。首都北京是所有中国人向往的地方,我带着一颗对生命热爱的初心,带着对实现梦想的渴望,来到这片孕育奇迹的土地。北京的故事永远写不完也道不尽,北京不仅给了我巨大的启发与鼓舞,让我做了许多之前没有想过或者之前一直想做却没能实现的事情。这些让我获得了巨大的信心和勇气,也让我领悟到生命的意义就在于体验和经历的过程。

北京帮助我打开了国际化视野,虽然我遭

筑梦者 ——智慧和独立的故事

遇了不少挫折和打击,孤独与无助,委屈与无奈;但当心门越开阔,我的内心世界就越发喜悦安宁。因为发自内心的真诚和敢于付出的勇气,让我闯入了一个崭新的世界,同时,也让我赢得了一份满满的收获与惊喜。

乘着时光的列车,来自安康的女孩儿停靠在梦想的启航地——北京,历史的声音低沉地讲述着故宫的故事,饱经沧桑的京城正以开放的胸怀欢迎五湖四海的筑梦者。

在北京的生活阅历,让我对生命中的许多情感有了新的理解和领悟。当时空拉开了距离,有些情感反而更加亲切殷实,有些记忆反而更加清晰深刻。最强的感触便是深深地想念、感恩我的爸爸妈妈:感恩他们给予我生命,感恩他们含辛茹苦地把我抚养长大,感恩他们对儿时的我的鼓励与启蒙,感恩他们真诚与积极的生活态度所给予我受益匪浅的影响。同时,感恩我的故乡那一片质朴的土地;感恩带给我源源不断动力的父老乡亲们,让我时刻

后记

不忘初心并充满能量；感恩在我成长道路上遇到的每一位良师益友；感恩生命里曾经的羁绊和困难让我变得更加坚定和勇敢；感恩每一缕阳光、每一丝清风、每一个生命万物；感恩让我和万千生命一起存在于一个如此神奇有趣的世界里。

6月中旬，北京疫情防控应急响应级别由二级降为三级，允许小范围的聚会活动，北京朗斯伟业建材商贸有限公司组织了一场女性沙龙。参与的人有来自各行各业的精英女士，也有非常优秀的男士，一起聚集能量，共同助力女性沙龙活动。

活动现场，我们进行了礼仪、美学、健康、文化等行业的分享。通过这次分享，我感受到各行各业人士带来的力量，也感受到大家热情、愉悦的心情。整个活动现场气氛融洽，能量满满。

其实主办这次活动，也是希望能够汇聚更多行业人士的力量，推动我们的人文文化，带

筑梦者 ——智慧和独立的故事

动更多的人一起助力，共同筑梦。

写《筑梦者》这本书，我不仅怀有让大家知道朗斯这个品牌的愿望，也有希望更多人可以一起筑梦未来的想法，让更多人有勇气、有信心去追逐自己的梦想，实现自己的梦想。我希望每个看到这本书的人，都能带着爱与力量努力过好自己的一生。

在这个世界上，或许我们会遇到许多磨难，就像这次疫情一样，虽然我们曾经经历了2003年的非典，但这次疫情仍然让我们受到很大影响，可是即便如此，也不能放弃追逐的脚步。

疫情期间，我们组织线上直播，建立抖音号，也做了线上APP，就是在寻找新的发展机遇。只要时代还在发展，我们就要永不停歇，继续前行。

经过这场疫情，我更加坚定了要继续做有意义的事的信念，我要带领更多有梦想的人一起追逐明天，这也是我创作这本书的初衷。

本书撰写的是我真实的创业经历，打开本

后记

书，便能走进我的心路之旅，聆听我敞开心扉的故事。开卷有益，愿本书能开启你的梦想之旅，助你奔向更加美好的未来。

筑梦者 ——智慧和独立的故事

2015年参加法国展览活动

后记

筑梦者 ——智慧和独立的故事

2015 年在女画家展览中致辞

后记

画展交流

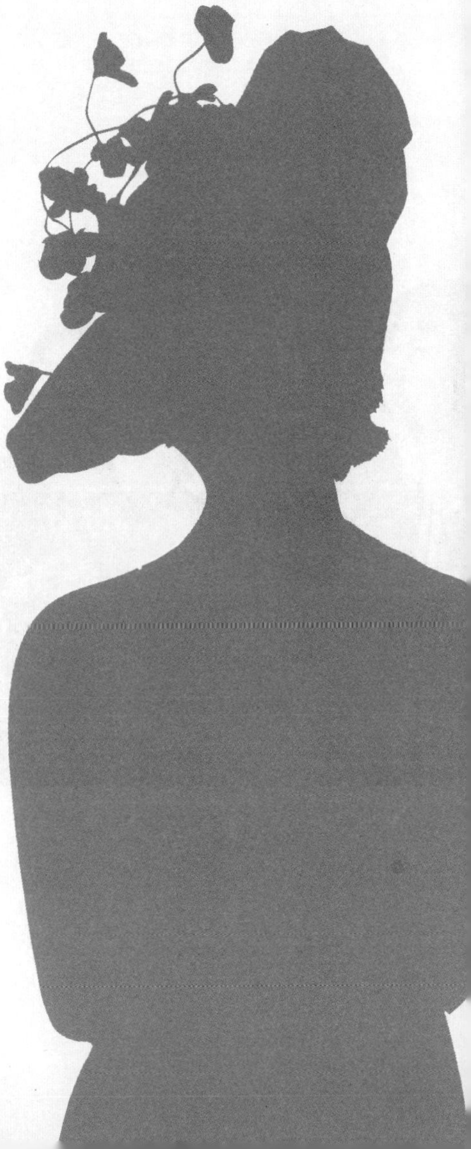

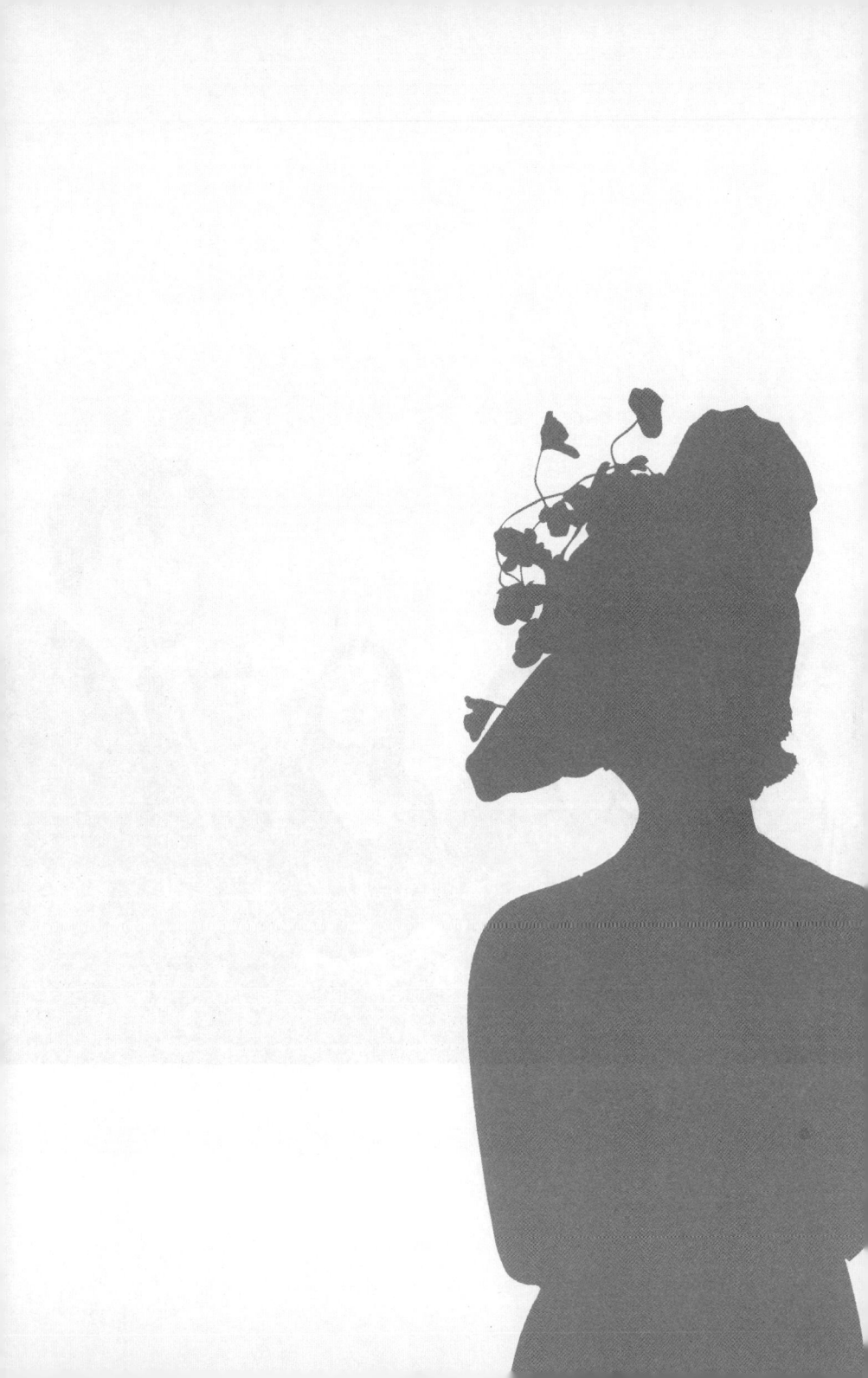